Nico Stehr (Hrsg.)

Der zündende Funke

Innovationen fördern als Weg zu sauberer und bezahlbarer Energie für alle

Springer VS

Herausgeber
Nico Stehr
Zeppelin Universität
Friedrichshafen, Deutschland

ISBN 978-3-658-07547-7   ISBN 978-3-658-07548-4 (eBook)
DOI 10.1007/978-3-658-07548-4

Die Deutsche Nationalbibliothek verzeichnet diese Publikation in der Deutschen Natio-
nalbibliografie; detaillierte bibliografische Daten sind im Internet über http://dnb.d-nb.de
abrufbar.

Springer VS
© Springer Fachmedien Wiesbaden 2015

Springer VS ist eine Marke von Springer DE. Springer DE ist Teil der Fachverlagsgruppe
Springer Science+Business Media.
www.springer-vs.de

Der zündende Funke

Inhalt

Vorwort: Was bisher geschah...

In einer klimawissenschaftlich und klimapolitisch hoch dramatischen Zeit wurde im Mai 2010 das erste Hartwell-Papier veröffentlicht, das wegen seines neuartigen klimapolitischen Ansatzes rasch bekannt wurde (Prins et al. 2010). Die damalige Gruppe der Hartwell-Autoren distanzierte sich von den Narrationen und politischen Ansätzen, die im Dezember 2009 in Kopenhagen auf der 15. Konferenz der an der UN-Klimakonvention beteiligten Vertragsstaaten so spektakulär in sich zusammengebrochen waren, und machte sich unter Berufung auf 25 Jahre Forschung und Veröffentlichungen für eine andere Herangehensweise stark. Diese sollte die Sackgassen vermeiden, in die die Politik der letzten Jahre geführt hatte; und stattdessen für den radikalen Pragmatismus werben, der ein Kennzeichen des Hartwell-Ansatzes ist (Caine & Rayner 2013).

Die Autoren vertraten mit Nachdruck die These, dass proaktiv gehandelt werden müsse, um den ökologischen Fußabdruck der Menschheit auf unserem Planeten rasch zu reduzieren; das Papier machte aber auch deutlich, dass nur solche Maßnahmen auf Dauer erfolgreich sein können, die breite und nachhaltige öffentliche Unterstützung finden. Die Autoren gingen bei ihrer Argumentation von der Prämisse aus – die später, im April 2013, von der Internationalen Energieagentur bestätigt wurde -, dass die „Top-down"-Politik der klimapolitischen Zielgrößen und Zeitpläne im Stil der UN-Klimakonvention zu keiner signifikanten materiellen Veränderung der CO_2-Intensität (CO_2 pro Einheit des BIP) der menschlichen Zivilisation geführt hatte (International Energy Agency 2013). Sie vertraten außerdem die Ansicht, dass eine auf die Förderung und Wahrung menschenwürdiger Lebensverhältnisse statt auf die reine Zweckdienlichkeit ausgerichtete staatliche Politik ein integraler Bestandteil der Klimapolitik sein müsse. Das zweite Hartwell-Papier von 2011, *Climate Pragmatism*, brachte diese Themen auch der amerikanischen Leserschaft nahe.

Ausgehend von diesen Basisüberlegungen entwickelten die Autoren in allgemein verständlicher Form vier zentrale Themen. Das erste betraf das Missverhältnis zwischen der Natur des Problems Klimawandel und den im Rahmen der traditionellen „Top-down"-Politik nach Art der UN-Klimakonvention empfohlenen Abhilfemaßnahmen.

Der Klimawandel ist ein derart komplexes und unübersichtliches, von so viel schwer einschätzbarem Feedback abhängiges Problem, dass es – in Rittel und Webbers (1973) inzwischen berühmter Formulierung – „wicked" wird,

„tückisch". „Tückische" Probleme in der von Rittel und Webber definierten speziellen Bedeutung sind charakteristisch für Systeme, die offen, komplex und schwer durchschaubar sind. Obwohl „tückische" Probleme oft so formuliert werden, als seien sie lösbar, ist es richtiger, sie als permanente systemische Zustände zu betrachten, die bestenfalls mehr oder weniger erfolgreich gehandhabt werden können. Lösungen, die wir für „tückische" Probleme finden, sind daher immer unvollkommen; sie können sperrig sein. Für die Politik, mit der wir „tückische" Probleme angehen, folgt daraus, dass sie bescheiden sein und die aggressive Gewissheit vermeiden muss, mit der moderne demokratische Politik so oft daherkommt.

Das Hartwell-Papier 2010 näherte sich dem „tückischen" Problem des Klimawandels, indem es die Tatsache der „Klimakriege", die damals tobten (und heute, wenn auch in geringerem Ausmaß, immer noch toben), zur Kenntnis nahm, aber eine Parteinahme verweigerte. Das nun vorliegende Papier von 2013 behält diese Position bei, denn die zentralen Themen und Prioritäten des in ihm vertretenen Ansatzes setzen keine solche Parteinahme voraus. Alle wichtigen Weltklimaberichte, soviel ist klar, stimmen darin überein, dass der Jahrhunderttrend seit Ende des 19. Jahrhunderts auf eine Erwärmung der Erdatmosphäre um rund 0,8 °C hinausläuft. Die genaue Gewichtung der hierfür verantwortlichen Faktoren ist immer noch unklar, aber es wäre überraschend, wenn die anthropogenen Treibhausgasemissionen (deren Auswirkungen seit Arrhenius' bahnbrechender Arbeit von 1896 offenkundig sind) nicht erheblich dazu beigetragen hätten, auch wenn wir heute sehen, dass sich diese Auswirkungen nicht so eindeutig bestimmen lassen, wie manche Autoren meinen (Otto et al. 2013). Tatsächlich hat die begrüßenswerte Intensivierung der Primärforschung seit den 1980er Jahren in allen Zweigen der Klimabeobachtung, der Paläoklimatologie und der Datenverarbeitung und –analyse dazu beigetragen, unser Vertrauen in die Gewissheiten der 1980er bis 2000er Jahre zu erschüttern, zugleich aber auch unser Verständnis zu vertiefen. Der Schluss, dass Treibhausgasemissionen rasch reduziert werden sollten, ist trotz dieser Ungewissheit immer noch vernünftig; nur wird aus dem damals einzigen Ziel der Vermeidung möglicher weiterer anthropogener Klimatreiber ein Anliegen unter vielen. Diese bescheidene und pluralistische Herangehensweise hat wichtige Konsequenzen für die politische Planung.

Leider haben die Kombattanten auf beiden Seiten der „Klimakriege" gern Argumente ins Feld geführt, die sich vor allem auf kurzfristige Klimatrends beziehen, das heißt, auf Beobachtungen, die sich über Zeitspannen in der Größenordnung von Jahrzehnten erstrecken. Das mag einen starken rhetorischen Effekt haben, ist aber zu kurz gegriffen, um wirklich aussagekräftig zu sein. In der zuschauenden Öffentlichkeit führte es zu Verwirrung. Auf der einen Seite gab der oben zitierte überdurchschnittliche Erwärmungstrend der 1980er und

1990er Jahre der Schwarzmalerei der Befürworter einer „aktiven Klimapolitik" („climate action") Nahrung; auf der anderen Seite vertiefte das Temperaturplateau der letzten fünfzehn Jahre das Misstrauen derer, die meinen, der so beharrlich behauptete menschliche Anteil an der Klimaerwärmung sei ein reines Hirngespinst. Keine dieser Positionen ist robust, und keine bietet einen konzeptuellen Rahmen, der hilfreich wäre, wenn man wie die Hartwell-Autoren eine pragmatische Herangehensweise an ein Problem vorantreiben will, das sich, wie alle sachkundigen Beteiligten einräumen, zugleich durch gravierende Risiken und große wissenschaftliche Lücken auszeichnet.

In dieser verwirrenden Situation müssen wir von vornherein die spezifischen Schwierigkeiten zur Kenntnis nehmen, die beim Umgang mit den schwer durchschaubaren, offenen Klimasystemen entstehen. Hierzu gehört an erster Stelle die Tatsache, dass wir niemals genug wissen können, um den Schluss zu rechtfertigen, wir könnten endlich aufhören, zu forschen und Daten zu sammeln, und anfangen, Politik zu machen. Beides muss zusammen vorangetrieben werden, wobei die Politik stets so flexibel wie möglich auf den wechselnden Stand des Wissens reagieren sollte. Wir sollten ferner zur Kenntnis nehmen, dass „tückische" Probleme wie der Klimawandel all denen, die an den Hebeln der Macht sitzen, extreme Schwierigkeiten bereiten. Der Wunsch, mit dieser Macht etwas anzufangen, ist bei den meisten Politkern vorhanden, und in Zeiten, in denen die Stimmung der Öffentlichkeit von existentiellen Ängsten beherrscht wird, kann der Handlungsdruck überwältigend werden; aber vorzeitig getroffene und nicht mehr rückgängig zu machende Maßnahmen, die keiner Kurskorrektur und keiner Verbesserung mehr zugänglich und noch dazu ungeeignet sind, um Ansatzpunkte für möglicherweise radikale Inventionen zu erkennen und zu verfolgen, könnten hochgradig kontraproduktiv sein.

Alltagsverstand kann hier durchaus in die Irre führen. Ein Beispiel, das im Hartwell-Papier von 2010 besonders hervorgehoben wurde, war ein widersinniger Effekt im Sinne von Jevons' Paradoxon (wissenschaftlich als „Rebound-Effekt" bekannt), nämlich die Tatsache, dass Energieeinsparungen, die sich aus den Effizienzsteigerungen eines Verfahrens oder Geräts ergeben, nicht unbedingt zu einem entsprechend sinkenden Energieverbrauch führen (Jenkins et al. 2011). Im Gegenteil, das betreffende Verfahren oder Gerät kann durch die Einsparung sogar an Attraktivität und damit an Verbreitung gewinnen. Zudem wird die durch die Energieeinsparungen freigesetzte Kaufkraft in der Regel für den Konsum anderer Güter und Dienstleistungen verwendet, die ihrerseits Energie verbrauchen, was die durch die Effizienzsteigerung erzielten Energieeinsparungen zunichte macht. Derartige Rebound-Effekte können netto, so Jevons' These in seiner berühmten Studie über die Folgen der von James Watt erzielten, dramatischen Effizienzsteigerung von Dampfmaschinen, sogar zu einem Anstieg des Energieverbrauchs führen (Jevons 1866). Konkrete historische Belege dafür, dass erhöhte Energieeffizienz direkt zu einer Reduktion der Treibhausgasemissionen führt, gibt es, wie im Hartwell-Papier von 2010 dokumentiert, nur unter ganz bestimmten Umständen, etwa in der japanischen Schwerindustrie.

Natürlich lohnt es sich, Maßnahmen zur Verbesserung der Energieeffizienz weiter zu verfolgen, und sie sollten auch unbedingt gefördert werden: Sie sind ökonomisch global sinnvoll, und in den Entwicklungsländern tragen sie zur nachhaltigen Entwicklung bei, indem sie Energie und Reichtum für andere Zwecke freisetzen. Doch viele Klimapolitiker waren schnell dabei, hypothetische, durch Effizienzsteigerungen bewirkte Reduktionen des Energieverbrauchs und der Emissionen zu verbuchen, ohne darüber nachzudenken, wie wahrscheinlich sie in einer bestimmten Situation oder Wirtschaft überhaupt waren. In diesem Punkt werden zwar noch nicht allgemein, aber doch immer häufiger Zweifel laut.[1]

Zu einer anderen Art unangenehmer Überraschung kam es bei den realen Ergebnissen von Versuchen zur Veränderung des Verbraucherverhaltens durch makroökonomische Eingriffe. Das selbsternannte Flaggschiff einer solchen Politik war der Versuch der Europäischen Union, per Anordnung einen Markt für den Emissionsrechtehandel zu schaffen. Dieses *EU Emissions Trading Scheme* (EU ETS, EU-Emissionshandel), seit seiner Jungfernfahrt auf stürmischer Fahrt in schwerer See, lief im April 2013 endgültig auf Grund, nachdem es jahrelang nicht gelungen war, den CO_2-Preis so stabil zu halten, dass die Wirtschaft sich zur gewünschten Höhe der Investitionen in CO_2-arme Innovationen ermuntert fühlte, während man der Industrie zugleich weiterhin mit so hohen Kosten drohte, dass das Projekt schließlich durch erfolgreiche Lobbyarbeit untergraben wurde (The Economist 2013a). Das Allerwichtigste aber war vielleicht, dass der Emissionshandel nicht frei operieren durfte, um der Wirtschaft reale Anreize zur Suche nach kostenoptimalen Emissionsreduktionen zu bieten; stattdessen gab es viele andere Marktinterventionen, die die Anwendung von Technologien für erneuerbare Energien verordneten, jede von ihnen mit jeweils eigenen impliziten und gewöhnlich höheren Kosten der CO_2-Reduktion.

Angesichts der Komplexität des Problems Klimawandel und der Belege für die mitunter unerwarteten und unerwünschten Folgen von Versuchen, schlüssige „Lösungen" für solche Probleme zu finden, stellten die Hartwell-Autoren ein zweites Thema in den Vordergrund. Dies war die Anregung, sich bei einem mo-

---

1   Die IEA (*International Energy Agency*, Internationale Energieagentur), der IPCC (*Intergovernmental Panel on Climate Change*, IPCC; Zwischenstaatlicher Ausschuss für Klimaänderungen, auch: Weltklimarat) und das britische DECC (*Department of Energy & Climate Change*, Britisches Ministerium für Energie und Klimawandel) haben versucht, unrealistische Behauptungen über den Effekt von Energieeffizienz auf Treibhausgasemissionen aufrecht zu erhalten; diese wurden erfolgreich angefochten in, unter anderem, Jenkins et al. 2011, Maxwell 2011, Renewable Energy Forum 2012.

dernen Klima-Pragmatismus an dem Grundsatz zu orientieren, den Lancelot „Capability" Brown im 18. Jahrhundert für die Anlage von Landschaftsgärten formuliert hatte: „Das Objekt aus dem Auge verlieren und sich ihm indirekt nähern". Diese Einsicht wurde im Papier weiterentwickelt und legte den Schluss nahe, dass eine direkte Konfrontation mit dem „tückischen" Problem des Klimawandels falsch und eine indirekte Annäherung erfolgversprechender sei. Folgerichtig umfasste die Hartwell-Methode neben der CO_2-Minderung (Mitigation) eine ganze Palette von Themen, die alle indirekt und rasch zu positiven Ergebnissen führen könnten[2].

Noch ein drittes Thema zog sich durch das ganze Papier von 2010: Pielkes „Ehernes Gesetz der Klimapolitik" (Pielke Jr 2010). Benannt nach einem der beteiligten Autoren, der es als erster formuliert hatte, besagt dieses Gesetz, dass es immer politökonomische Zwänge gibt, die den „gefühlten Kosten" und der „Zahlungsbereitschaft" der jetzt lebenden Bürger Grenzen setzen, und dass eine Politik, die sich darüber hinwegsetzt, nicht die legitime Autorität erreicht, die sie für ein erfolgreiches Handeln braucht, schon gar nicht über die langen Zeiträume hinweg, in denen man bei der Handhabung des tückischen Problems des Klimawandels rechnen muss.

Keine Klimapolitik, die die gefühlten Kosten für jetzt lebende Wähler in Demokratien erhöht, wird legitime Autorität erreichen und erfolgreich sein. Diese Behauptung bewahrheitete sich ganz grundsätzlich in Bezug auf all jene Ansätze der Kyoto-Protokoll-Ära, die die Anwendung von CO_2-armer Energie entweder durch Subventionen oder durch eine erhebliche Erhöhung der Kosten von fossilen Brennstoffen zu beschleunigen versuchten, beides verbunden mit höheren Preisen für die Verbraucher. Wie vom Ehernen Gesetz vorhergesagt, erwiesen sie sich nicht nur als unpopulär, sondern verliehen auch einer Gegen-Narration Auftrieb, die sich gegen das schwarzmalerische Szenarium einer unaufhaltsamen „Klimakatastrophe" wendete.

Das erste Hartwell-Papier bot eine Legitimation für eine aktive Klimapolitik an, die weder an existentielle Ängste noch an marktkritische Impulse appellierte. Seine vierte These richtete sich, ganz im Sinne des Ehernen Gesetzes, gegen eine wachstumsbegrenzende Politik, die für die über eine Milliarde Menschen, die derzeit ohne Zugang zur Elektrizität sind, wenig Hoffnung bot. Dies, so das Papier, sei sowohl unmoralisch als auch undurchführbar, nämlich schlechte Politik. Demensprechend standen im damals formulierten und im Papier von 2013 weiterentwickelten Ansatz soziale Gerechtigkeit und ein Mehr an Menschenwürde im Mittelpunkt. Um diesem Ziel näherzukommen sind wir bestrebt, eine Koa-

---

2   So empfahl das Papier von 2010 zum Beispiel die Reduktion der durch unvollständige Verbrennung verursachten Rußemissionen als vorrangiges Ziel. Die Bedeutung von Ruß für die Eisschmelze in der Arktis wurde seither gründlicher dokumentiert, insbesondere in Shindell 2012.

lition für durchführbare Maßnahmen zur Reduzierung der Armut vor allem in den demografischen Supermächten Indien, China, Brasilien, Indonesien und im subsaharischen Afrika zu bilden, was den nicht minder wertvollen Nebeneffekt einer Reduktion des ökologischen Fußabdrucks der Menschheit auf dem Planeten hätte.

Dieses Programm eines radikalen Pragmatismus, wie er im Papier von 2010 zum Ausdruck kommt, wurde von mehreren Partnerstaaten außerhalb der Europäischen Union wie auch von einigen der wichtigsten Industrieunternehmen mit einigem Enthusiasmus aufgegriffen. In der internationalen Diplomatie kam es seither zu grundlegenden Verschiebungen, in denen Erkenntnisse des Hartwell-Papiers anklingen. Hervorzuheben ist die wachsende Betonung von nationalen „Bottom-up"-Schwerpunktsetzungen statt internationaler „Top-down"-Fixpunkte (siehe UNFCCC 2009; UNFCCC 2011). In Teil 4 werden wir auf diesen begrüßenswerten Trend näher eingehen.

Die Logik des Hartwell-Papiers 2010 lief darauf hinaus, dass auf dem Weg zu einer Energieerzeugung aus CO_2-ärmeren, -armen und schließlich -freien Energiequellen beides notwendig sei: radikale Invention und schrittweise Innovation. Es gibt ermutigende Anzeichen dafür, dass das Verständnis für diese Notwendigkeit wächst. Erst wenn Energie aus CO_2-freien Brennstoffquellen auch ohne Subventionen für die Verbraucher billiger ist als Energie aus fossilen Brennstoffen, wird sie sich spontan auf den Weltmärkten durchsetzen und einen bleibenden Wandel im globalen Energiemix herbeiführen. Zur Zeit ist der Anteil von Atomenergie (4,9%), Wasserkraft (6,5%) und anderen erneuerbaren Energien (1,6%) zusammen genommen noch nicht groß und der Anteil der erneuerbaren Energien ohne Wasserkraft – der Kernpunkt des vorliegenden Papiers – sogar besonders gering.[3]

DER ZÜNDENDE FUNKE knüpft an die Erfolgsgeschichte der früheren Hartwell-Papiere an. Was nun folgt, ist der Versuch, einen umfassenden Überblick über konstruktive Vorschläge zu geben, wie eine mit diesen Grundsätzen zu vereinbarende Politik Inventionen im Energiesektor fördern und die sich daraus ergebenden Innovationen beschleunigen kann.

---

3   Erdöl, Kohle und Erdgas machen derzeit 87% des globalen Primärenergiemixes aus. Der Rest ist eine Mischung aus Atomenergie (4,9%), Wasserkraft (6,5%) und anderen erneuerbaren Energien (ohne Wasserkraft) (1,6%) (BP 2012).

Kurzfassung

DER ZÜNDENDE FUNKE ist ein Versuch, nützliche und positive Lehren aus den ungewöhnlichen letzten zehn Jahren von 2003 bis 2013 zu ziehen. **Dabei lautet eine der wichtigsten und auch für das Thema dieses dritten Hartwell-Papiers entscheidenden Schlussfolgerungen: „Top-down"-Klimaschutzmaßnahmen haben bis jetzt ihre Ziele nicht erreicht und werden sie wohl nie erreichen.** Nur eine spontane, grundsätzlich bezahlbare und politisch nachhaltige Energiewende kann erfolgreich sein. Hierzu sind sowohl *Inventionen* (Entdeckungen) als auch *Innovationen* (Anwendungen von Entdeckungen) nötig, wobei klar ist, dass politische Agenden, die auf der Anwendung bestehender Technologien basieren, Einschränkungen vor allem im Hinblick auf Inventionen mit sich bringen können.

Die beteiligten Autoren schlagen daher eine Reihe von insgesamt elf pragmatischen Bausteinen vor, an denen sich Versuche orientieren können, der ganzen Menschheit Zugang zu einer Energieversorgung zu verschaffen, die sowohl bezahlbar als auch weniger CO_2-intensiv und weniger umweltbelastend ist.

Nur ein energiereicher Planet ist moralisch vertretbar und politisch sinnvoll (1.1). Die Hartwell-Autoren vertraten 2010 und vertreten auch heute noch den Standpunkt, dass eine Politik, bei der die ärmste Milliarde der Menschheit ohne die für ihr Wohlergehen und ihre Menschenwürde unabdingbare Energieversorgung bleibt, nicht akzeptabel ist.

Gegenwärtig bieten allerdings nur CO_2-intensive Energiequellen realistische Aussichten auf eine solche energiereiche Welt, mit (1.2) allen damit einhergehenden, offenkundigen Klimarisiken.

Die Hartwell-Autoren stellen fest, dass (1.3) heute und in naher Zukunft die Entdeckung und Nutzung neuer fossiler Energiequellen schneller voranzuschreiten scheint als die Entdeckung und Nutzung CO_2-armer Energiequellen; und dass (1.4) heutige CO_2-arme Energietechnologien weder technisch noch ökonomisch wettbewerbsfähig sind.

Deshalb kommt es ihrer Ansicht nach entscheidend auf eine (1.5) pragmatische und (1.6) vorurteilsfreie, pluralistische Innovationspolitik an, wobei klar sein sollte, dass (1.7) politische Fehlschläge als notwendiger Preis des Fortschritts in Kauf genommen werden müssen.

Im Sinne der eingangs formulierten Definitionen begründen die Hartwell-Autoren (1.8) die Notwendigkeit von radikalen *Inventionen* und *Innovationen* und plädieren außerdem dafür, dass (1.9) die Anwendung von Technologien, die noch im Frühstadium oder noch nicht ganz ausgereift oder überhaupt neu sind, nicht als Zweck an sich begriffen werden sollte, sondern als ein Mittel, das zu Wissenszuwachs und weiteren Inventionen führt.

Zum Thema Pluralismus gehört auch, so die Autoren weiter, dass (1.10) Innovationen im Energiebereich selbstverständlich auf mehr als nur einem Wege angestrebt werden müssen.

Der letzte Baustein schließt dann wieder an den ersten an und betont, dass (1.11) eine breite soziale „Bottom-up"-Legitimation moralisch und praktisch unentbehrlich ist.

Danach unterziehen die Autoren die Lehren aus den zehn Jahren von 2003 bis 2013 noch einmal einer kritischen Betrachtung, indem sie neuere Erfahrungen mit Innovationen im Energiebereich im Hinblick auf die Energiewende untersuchen. Sie erklären, dass eine politisch „forcierte" Energiewende historisch gesehen selten ist; dass aber die Ergebnisse, die zwischen 2003 und 2013 vor allem in Europa und in den USA mit verschiedenen politischen Instrumenten und Verfahren erzielt wurden, eine wertvolle Quelle von Informationen und positiven Lehren sind.

Mit Blick auf pragmatische und machbare Verbesserungen beschreiben die Autoren dann die Hartwell-Optionen für *National Level Actions* (NLAs, Maßnahmen auf nationaler Ebene). Sie empfehlen intelligentere Investitionen als Mittel zur Stimulierung von Energieinnovationen und machen Vorschläge, wie die Beschränkungen der Institutionen zu überwinden und Anreize so zu gestalten wären, dass sie die erwünschten Wirkungen erzielen. Sodann empfehlen sie in Anlehnung an die immer wichtiger werdenden *Nationally Appropriate Mitigation Actions* (NAMAs, National angepasste Mitigationsmaßnahmen) und als Ergänzung zu ihnen die Entwicklung entsprechender „*Nationally Appropriate Innovation Actions*" (NAIAs, National angepasste Innovationsmaßnahmen).

NAMAs und NAIAs können den Anstoß zu neuen diplomatischen Prozessen geben. Deshalb formulieren die Autoren als nächstes die Hartwell-Optionen für *International Level Actions* (ILAs, Maßnahmen auf internationaler Ebene). Sie erklären, wie

- die positiven Lehren aus dem Scheitern des Kyoto-Protokolls zu verstehen und umzusetzen sind;
- beim Transfer neuer Technologien die Interessen aller Beteiligten erkannt und berücksichtigt werden können;
- die Ergebnisse einer bereits jetzt mit Selbstverständlichkeit funktionierenden weltweiten Arbeitsteilung im Bereich der Energieinnovation aufzugreifen wären.

Politiker rufen oft zu „ambitionierten" – was bei ihnen heißt: extremen oder schwierigen – klima- und innovationspolitischen Lösungen auf. Die Autoren erklären, dass dies eine irreführende Interpretation des Ausdrucks „ambitioniert" ist, dessen lateinische Wurzel, *ambire*, uns an das erinnert, worum es eigentlich geht: Möglichkeiten zu erkunden und sich die Unterstützung der Öffentlichkeit zu sichern. Nur mit dieser auf die ursprüngliche Bedeutung zurückgehenden Interpretation wird man zu realen, konkreten Ergebnissen kommen. Vollmundig vorgetragene „Ambitionen" ohne jedes Konzept, wie die kühnen Ankündigungen zu verwirklichen wären, nützen niemandem, außer vielleicht den kurzlebigen Interessen der Politiker, die sie in die Welt setzen.

Die Autoren schließen, indem sie ihre Sicht der Hartwell-Ambitionen für die Zukunft und damit den Zweck ihrer Arbeit formulieren: Nur mit allgemeinem Wohlstand kann es breite Zustimmung zu Emissionsreduktionen geben, und nur mit bezahlbarer Energie kann es Wohlstand für alle geben.

Aus dem Englischen übersetzt von Hella Beister

Einleitung: Definitionen, Motivationen und Danksagungen

Mit dem vorliegenden Papier möchten die Autoren die Erkenntnisse des ersten Hartwell-Papiers von 2010 nutzen, indem sie seine Grundsätze auf das Gebiet von Invention und Innovation im Energiesektor anwenden, ein ihrer Meinung nach so vernachlässigter wie für das menschliche Wohlergehen und das Wohlergehen des Planeten entscheidender Bereich.

Invention und Innovation sind nicht dasselbe; aber sie gehen Hand in Hand. Auch wenn beide Begriffe in der Alltagssprache austauschbar sind und immer zusammen benutzt werden, gibt es doch Unterschiede zwischen ihnen, die hier gleich zu Beginn genau beschrieben und begründet werden sollen, um Unklarheiten und damit Verwirrung zu vermeiden. Auch hier hilft, wie immer, die Etymologie.

Invention, von der lateinischen Wurzel *invenire*, heißt „auf etwas kommen", „etwas finden". Der Ausdruck suggeriert gründliches Nachdenken, das zu neuen Entdeckungen führt. Sein Platz ist hauptsächlich im Bereich der reinen Wissenschaften, wo mehr Raum für dramatische Entdeckungen ist, die mit einem Schlag – einem „Urknall" – alles verändern können.

Innovation (*innovare*) dagegen hat mit der Reform oder Veränderung von etwas bereits Bestehendem oder mit der Einführung von etwas Neuem in bestehende Verhältnisse zu tun. Zu beachten ist, dass sich die Innovation zu ihrem nahen Verwandten asymmetrisch verhält. Manche Invention führt nie zur Innovation. Invention leitet etwas ein. Weitere Inventionen können während der Innovation hinzukommen, und manchmal tut sich über die eine oder andere kleine Veränderung das Tor zu einer viel grundsätzlicheren Invention auf; wahrscheinlicher aber ist, dass die Invention über den Rahmen des innovativen Projekts nicht hinausgeht. Derart beschränkt, ist sie eher auf das Schreiben von Variationen als auf das Komponieren neuer Themen eingestellt. Damit sind dem „learning by doing" bedeutende Grenzen gesetzt, Grenzen, die von der gegenwärtigen Politik allzu oft nicht beachtet werden.

Entscheidend für unsere Zwecke in diesem Papier aber ist, dass Innovationen unter Umständen gar nicht zu neuen Inventionen führen, sondern einfach nur vorhandene Inventionen ohne irgendeine gedankliche Weiterentwicklung anwenden. Von Joseph Schumpeter (1931: 94) stammt der berühmte Satz, man könne zwar so viele Postkutschen aneinanderreihen, wie man wolle, bekomme aber dadurch doch niemals eine Eisenbahn. Genau das gilt unserer Ansicht nach für die Ergebnisse eines Großteils der aktuellen Politik zur Einführung von CO_2-armen Energietechnologien: die Anwendung um der Anwendung willen, ganz gleich, ob dies an sich bereits innovativ oder innovations- und inventionsfördernd ist. Das wäre nicht schlimm, wenn beim aktuellen Stand des energiewissenschaftlichen und energietechnischen Wissens bereits eine spontane, wettbewerbsfähige CO_2-arme Energieversorgung möglich wäre. Doch das ist leider nicht der Fall.

Infolgedessen treten die Autoren für eine Neuausrichtung der Politik ein. Diese soll sicherstellen, dass nicht nur Inventionen angemessen unterstützt werden, sondern Innovationen dort, wo sie so unterstützt werden, wie sie unterstützt werden sollten, nicht zu einem sterilen Anwendungsprozess verkommen, sondern tatsächlich den Anstoß zu weiteren Inventionen geben. Kreative Innovationen bestehen also, kurz gesagt, zur Hauptsache aus *innovare*, schließen aber Elemente von *invenire* ein. Wir werden weiter unten noch darauf eingehen, auf welche Weisen dies geschehen kann. Und nicht zuletzt sind Innovationen im Energiesektor das Ergebnis von Entscheidungen, die von Menschen und auf einem keineswegs rein technologischen Schauplatz getroffen werden, und stellen insofern immer auch eine grundsätzlich soziale Tätigkeit dar. Wird dies vergessen, fällt bald alles auseinander, wie wir sehen werden.

Das vorliegende Hartwell-Papier beschreibt keine „Wege zur erfolgreichen Energieinnovation", denn ein Rezept, das unter allen Umständen passt, hat noch niemand gefunden. Man misstraue jedem, der dies behauptet. Es gibt keine Zauberformel. Was wir hier geben wollen, nachdem wir die Leser daran erinnert haben, wie die ursprünglichen Hartwell-Einsichten lauteten und wie das Hartwell-Papier 2010 zu dem Schluss kam, dass Innovation das nächste Arbeitsfeld sei, ist eine Beschreibung der notwendigen *Voraussetzungen für erfolgreiche Energieinnovationen*.

Zunächst schlagen wir elf Bausteine vor, die unserer Meinung nach die Eckpunkte jeder erfolgreichen Innovationspolitik im Energiebereich sein sollten. Dann wenden wir uns den Erfahrungen der jüngsten Zeit zu. Wir suchen nach konkreten Erfolgen. Wir stellen fest, dass es einige gibt, aber nicht annähernd genug. Also wenden wir Baustein Nummer Sieben an und berichten über positive Lehren aus den jüngsten Fehlschlägen.

Derart gewappnet kehren wir dann zu den politischen Foren zurück und beschreiben die Voraussetzungen für eine zunächst nationale, dann internationale Klimapolitik, die sich aus den – meist zur Vorsicht mahnenden – Lektionen ergeben, die wir gelernt haben.

Diese Arbeit war möglich dank der erneuten, erweiterten und unentbehrlichen Finanzierung durch die *Nathan Cummings Foundation*, der alle Autoren zu großem Dank verpflichtet sind. Mit dieser erweiterten Finanzierung konnten eine Reihe von Studien in Auftrag gegeben werden. Im Februar 2013 traf dann in

Vancouver, British Columbia, die für diese Phase erweiterte Hartwell-Gruppe zusammen, um die Ergebnisse zu begutachten und einen ersten Entwurf für das jetzt vorliegende Papier zu entwickeln.

Die englische Fassung wird gleichzeitig in einer Druck- und in einer elektronischen Version erscheinen. Übersetzungen in zahlreiche andere Sprachen werden folgen; diese werden frei zugänglich sein.

Als der Einberufer bzw. der Koordinator der Gruppe sowie als Hauptautoren eines alle Einzelbeiträge zusammenführenden ersten Entwurfs möchten wir allen beteiligten Autoren für ihre Sorgfalt und ihre Mühe danken, und allen anderen Mitgliedern der Hartwell-Gruppe, die nicht als Autoren an dem vorliegenden Papier beteiligt waren, für ihre Kommentare.

Gwythian Prins (Einberufer der Hartwell-Gruppe)
Mark Eliot (Koordinator der Hartwell-Gruppe)

The Mackinder Programme for the Study of Long Wave Events
London School of Economics & Political Science
Juli 2013

1 Die elf Bausteine des Hartwell-Ansatzes für Innovationen im Energiebereich

In diesem Papier geht es darum, wie die Quadratur des Kreises zu bewerkstelligen wäre. Es geht darum, wie die scheinbar widersprüchlichen Ziele einer energiereichen und zugleich CO_2-armen Welt gleichzeitig verwirklicht werden könnten. Es geht um die Suche nach Möglichkeiten, große Mengen bezahlbarer und wenig umweltbelastender Energie bereitzustellen.

Jedes Arbeitsprogramm und jede Rahmenkonzeption fußt auf einer Reihe von konzeptuellen Grundbausteinen. Dies können grundlegende Überzeugungen sein oder Schlussfolgerungen aus Forschungsergebnissen. Es sind Vorannahmen, die oft nicht explizit formuliert werden. Manchmal werden sie sogar bewusst verschleiert, um Kritik aus dem Wege zu gehen. Eine solche Nicht-Offenlegung ist insofern gefährlich, als sie nicht nur Denkfehler verdeckt, sondern auch die berechtigte Debatte über zentrale Werte und Überzeugungen verhindert. Im vorliegenden Papier wollen wir es mit dem Prinzip halten, dass Sonnenlicht das beste Aseptikum ist, und versuchen, die Vorannahmen, über die sich die Autoren einig sind und die daher die gemeinsame Grundlage für ihre Herangehensweise bilden, explizit zu formulieren.

1.1 Nur ein energiereicher Planet ist moralisch oder politisch vertretbar

Über die Notwendigkeit einer möglichst wenig umweltbelastenden Energie herrscht natürlich weitgehend Einigkeit. Entsprechende Ergebnisse blieben jedoch aus. Das Hartwell-Papier 2010 betonte, was sich bei internationalen Klimaverhandlungen seither bestätigt hat: Eine globale Klimastrategie, die Ungleichheiten nicht verringert und Entwicklungsbestrebungen nicht unterstützt, wäre für die Regierungen oder Bevölkerungen der großen Entwicklungsländer nicht akzeptabel – zu Recht, wie wir meinen. Daher betrachten wir es als ein politisches Versagen, ein moralisch nicht vertretbares Ergebnis und ein Hindernis für den politischen Fortschritt, dass es nach wie vor keinen universalen Zugang zu einer Energie gibt, die ihrer Quantität wie ihrer Qualität nach ausreicht, um Menschenwürde und Empowerment zu gewährleisten.

Die meisten heute lebenden Menschen, die keinen Zugang zur Elektrizität haben, leben in Südasien und im subsaharischen Afrika und gehören zu den

Ärmsten der Welt. Wie wichtig eine stabile, sichere und bezahlbare Energieversorgung für das wirtschaftliche Wachstum und die Entwicklung solcher Bevölkerungen ist, ist bestens bekannt und belegt; und es steht auch außer Zweifel, dass
der Zugang zur Elektrizität eine Voraussetzung für das ökonomische und politische Empowerment ist. Aus diesem Grund war und ist für die demografischen
Supermächte Lateinamerikas, Afrikas und Asiens der Energiezugang eines der
obersten politischen Ziele und rangiert verständlicherweise noch vor der Klima-
schutz-Agenda. Aber muss das so sein?

Der Hartwell-Ansatz ist Ausdruck der Überzeugung, dass die Behauptung,
die Wende zu einer Energieversorgung mit geringer Umweltbelastung lasse sich
nur gleichzeitig mit dem Aufbau einer energiereichen Weltwirtschaft mit zuver-
lässiger, für alle erschwinglicher Energie herbeiführen, durchaus nicht paradox
ist. Das Beharren auf einem universellen Energiezugang ist nicht bloß moralisch
gerechtfertigt; es ist auch eine Frage der politischen Legitimation und des politischen Pragmatismus.

Wie können wir dies erreichen? Bislang wurde das Problem im kämpferi-
schen Kontext der internationalen Klimadiplomatie als ein Wettstreit zwischen
zwei scharf getrennten Zielen verstanden: dem Interesse an der Entwicklung der
Menschen und dem Interesse am Schutz der natürlichen Umwelt. Hinzu kamen
prominente Nicht-Regierungsorganisationen, die sich im Namen ihrer erklärten
Sonderinteressen ins Getümmel stürzten, um als Streiter für ihre jeweilige – und
mit den anderen jeweils nicht zu vereinbarende – Sache zu Felde zu ziehen.
Wenn wir nicht einen Weg finden, der den Werten und Interessen aller Beteiligten gerecht wird, sind wir zum Scheitern verurteilt. Nach eingehender Betrachtung des betrüblich unproduktiven gegenwärtigen Stands der Dinge meinen wir
daher, dass wir zu den Grundprinzipien zurückkehren müssen, wenn wir es besser machen wollen.

1.2 Der Aufbau eines energiereichen Planeten auf Basis der heutigen CO2-intensiven Energiequellen ist gefährlich

Es gibt eine ganze Reihe von Gründen, warum der Aufbau eines energiereichen
Planeten mit Hilfe der derzeitigen CO_2-intensiven Energiequellen gefährlich ist.
Sie reichen von den üblichen nationalen Sicherheitsbedenken bis zu Gesund-
heitsrisiken und sonstigen durch Emissionen verursachten Belastungen. Nach
Berechnungen des *BP Statistical Review of World Energy* von 2012 stammen
87% der weltweit erzeugten Energie aus Kohle, Erdöl oder Erdgas: jeweils 30%,
33% und 24%. Der Versuch, auf Basis eines solchen Energiemixes einen universellen und ausreichenden Energiezugang für alle zu realisieren – und einen nach
so gut wie allen wissenschaftlich fundierten Prognosen stark ansteigenden künf-

tigen Bedarf zu decken -, würde die CO_2-Konzentration in der Erdatmosphäre, die in der vorindustriellen Zeit bei 280 ppm („parts per million") lag, aller Wahrscheinlichkeit nach um das Doppelte, wenn nicht Dreifache noch oben treiben. Rechnet man dann noch den unserer Meinung nach nötigen (und in den Szenarien der internationalen Energieagenturen und großen Energieunternehmen derzeit nicht berücksichtigten) erweiterten Energiezugang hinzu, wird das Problem nur noch dringlicher. Smog und Lungenkrankheiten in China und Indien erinnern uns daran, dass eine energiereiche, aber kohlebasierte Welt mit erheblichen Risiken für die Gesundheit der Menschen wie der Ökosphäre verbunden ist.

Wir verfügen über keine unfehlbare Methode zur exakten Berechnung der Folgen, die eine derartige Zunahme der Emissionen für das Klima hätte. Auch gilt für die Ergebnisse von Computermodellen natürlich der Vorbehalt, dass ihr Output immer von den Annahmen abhängig ist, die ihrem Input zugrunde liegen, und dass ihre Ergebnisse *Projektionen* und nicht Prognosen sind. Dennoch können wir die vom *Intergovernmental Panel on Climate Change* (IPCC, Zwischenstaatliche Sachverständigengruppe zum Klimawandel, „Weltklimarat", 2007) unterstützte Klimamodellierung zumindest als Hinweis darauf nehmen, dass eine Verdoppelung – oder ein noch stärkerer Anstieg – des vorindustriellen Stands (280 ppm) der CO_2-Konzentration in der Erdatmosphäre zu einem globalen Anstieg der Durchschnittstemperatur in der Größenordnung von 2 C°, möglicherweise sogar 4 C° oder noch mehr, führen würde; eine Hypothese, die nicht auf die leichte Schulter zu nehmen ist.

Deshalb müssen der steigende Energiebedarf und die Bedürfnisse der Energie-Armen auf irgendeine Weise auf Basis eines Energiemixes mit schrittweise abnehmender CO_2-Intensität (CO_2 pro Einheit des BIP) befriedigt werden, mit dem langfristigen Ziel einer CO_2-freien oder sogar CO_2-negativen Energieversorgung. Das aber ist auf direktem Wege nicht zu erreichen. Die weltweit meistgenutzte Energiequelle – Öl – hat die offenkundigen Vorzüge hoher Energiedichte, stabiler Zusammensetzung, Transportfähigkeit, Toleranz gegenüber Temperaturschwankungen, relativ einfacher Lagerung und vielseitiger Einsetzbarkeit der Erdölfraktionen von Naphta bis Kerosin. Aus diesen Gründen ist es zum unentbehrlichen Referenzkraftstoff unserer Zeit geworden. Ohne einen massiven wissenschaftlich-technischen Durchbruch – oder viele solche Durchbrüche – wird es nicht gelingen, diese Qualitäten in einem Energiemix zu replizieren, der CO_2-ärmer bis CO_2-arm und schließlich CO_2-frei ist und in Mengen produziert werden kann, die zur Deckung des weltweiten Bedarfs ausreichen, noch dazu zu Preisen, die sich auch die Verbraucher leisten können, die am wenigsten reich und zugleich diejenigen sind, die heute keinen Zugang zu einer modernen Energieversorgung haben.

Ist dies ein unerreichbares Ziel? Nach eingehenden Untersuchungen quer durch das breite Spektrum der mit diesem Thema befassten Disziplinen sind die beteiligten Autoren zu der Ansicht gelangt, dass es zwar eine außerordentliche Leistung, aber nicht *a priori* unmöglich wäre. Allerdings besteht das eigentliche Problem, wie unten erklärt werden wird, weniger in den (erheblichen) technologischen Schwierigkeiten als vielmehr darin, dass wir einen anderen Typ von Innovationen im Energiebereich brauchen: Innovationen, die das Problem so angehen, dass die drei oben genannten Erfordernisse erfüllt werden können, und das heißt: Energie, die reichlich vorhanden, bezahlbar und wenig umweltbelastend ist.

1.3 Die Entdeckung und Nutzung neuer fossiler Energiequellen schreitet heute und in naher Zukunft schneller voran, als die Entdeckung und Nutzung CO_2-armer Energiequellen

Ein Realitätstest kann nie schaden. Die Zielsetzung eines Umbaus des gesamten Welt-Energiesystems auf CO_2-ärmere, CO_2-arme und schließlich CO_2-freie oder CO_2-negative Energie hatte immer schon eine eher einschüchternde Wirkung. 2011 wurden 98,4% der weltweiten Primärenergie aus fossilen Brennstoffen, Atomkraft und Wasserkraft gewonnen, im Gegensatz zu den „neuen Erneuerbaren", auf die man so sehr gesetzt hatte; und fossile Brennstoffe sind enorm im Vorteil, einfach weil es sie schon so lange gibt. Der größte Teil der weltweiten Infrastruktur ist für die Unterstützung einer auf fossiler Energie basierenden Energieversorgung ausgelegt, und einige der mächtigsten Unternehmen und Finanzinstitutionen der Welt verdanken ihre Ausrichtung und ihren Reichtum der auf fossilen Brennstoffen basierenden Wirtschaft. In manchen Fällen ist sogar das Schicksal ganzer Staaten von ihr abhängig, ein allerdings zweifelhafter Segen. All diese Unternehmen, Banken und Ölförderländer – und ihre Aktionäre bzw. Einwohner – haben ein starkes Interesse an der Beibehaltung, wenn nicht gar Ausweitung eines von der intensiven Nutzung fossiler Brennstoffe bestimmten Energiemixes. Diese profanen Beweggründe stehen, wie wir gesehen haben, nicht im leeren Raum. Verbraucher und Investoren haben handfeste und triftige Gründe dafür, fossile Brennstoffe attraktiv zu finden.

Keiner Strategie zur Förderung von erneuerbaren Energien ist es bisher gelungen, den entsprechenden Technologien einen nennenswerten Marktanteil zu verschaffen, nicht einmal dann, wenn dahinter ein eindeutiger politischer Wille steht. Zugleich hat sich in den letzten zehn Jahren durch die erfolgreiche Anwendung neuer und verbesserter Fördertechniken für fossile Brennstoffe die weltweite Energielandschaft verändert. Die Weiterentwicklung der Horizontalbohrverfahren und der Techniken der hydraulischen Fraktionierung („Fracking") erlauben den Erdölproduzenten, Öl und Gas aus Schiefergesteinsformationen zu fördern, die zuvor unzugänglich waren. Die zunehmende Zahl der nachgewiesenen Öl- und Gasvorkommen in unkonventionellen Gesteinsformationen ("dichtes" Gestein oder Ölsande zum Beispiel) könnte einen Ausgleich für Öl- und Gasvorkommen schaffen, die ihr Fördermaximum bereits überschritten haben und mit deren Erschöpfung in den nächsten Jahrzehnten zu rechnen ist. Außerdem wird es mit Hilfe von *Carbon Capture and Usage* (CCU, CO_2-Abscheidung und -Verwendung) möglich, aus eigentlich erschöpften Erdölfeldern die letzten Reste herauszuholen und die Produktion weiter zu steigern. Nach Schätzungen der BP liegen im Jahr 2011 die nachgewiesenen Öl- bzw. Gasvorkommen 30% bzw. 24% über dem Stand von 2001. Die globale *R/P ratio* (*Reserves-to-Production ratio*; R/P-Kennziffer, d.h., die bei gleichbleibendem Fördervolumen weltweit verbleibenden Jahre bis zur Erschöpfung der Vorkommen) lag 1981 bei 31 Jahren, 1991 bei 42 Jahren und 2011 bei 54 Jahren (BP 2012). Oder, in anderen Zahlen, die weltweiten Ölvorkommen stiegen von 1,032.7 Tausend Millionen Barrel im Jahr 1991 auf 1,652.6 Tausend Millionen Barrel im Jahr 2011. Bei den nachgewiesenen Gasvorkommen ist die Zunahme noch erstaunlicher, nämlich von 131,2 Billionen Kubikmeter im Jahr 1991 auf 208,4 Billionen Kubikmeter im Jahr 2011 (BP 2012). Wo also ist das Problem, fragen die Ölförderer und verweisen auf diese Zahlen. Hat es sich nicht aufgelöst? Nein.

Die aktualisierten Zahlen zum Umfang der fossilen Brennstoffreserven entziehen der Grundannahme der weit verbreiteten These des „Knappheitsmaximums" („scarcity peak") den Boden, die – zumindest in ihrer populären Version – besagt: Die zunehmende Knappheit der fossilen Brennstoffe werde bald zwangsweise zur Anwendung von Technologien für erneuerbare Energien führen und saubere Energie sowohl notwendig als auch wirtschaftlich machen. Der politische Nutzen der „Knappheitsmaximum"-These – die man trotz des Katastrophentons, der dabei oft angeschlagen wird, einstweilen für bloßes Wunschdenken halten darf – verflüchtigt sich, wenn man die unterschiedlichen Zeitskalen bedenkt, mit denen hier argumentiert wird. Als Tatsache unbestritten ist, dass die fossilen Brennstoffvorkommen auf dem Planeten wie das Leben des Planeten selbst irgendwann einmal zu Ende gehen werden. „Auf lange Sicht sind wir alle tot", wie John Maynard Keynes mit Bezug auf eine kürzere Zeitskala bemerkte. Auf lange Sicht ist die Annahme also richtig, doch lässt sich das nicht, wie auch die BP-Zahlen zeigen, in die Annahme ummünzen, dass die Reserven in absehbarer Zeit erschöpft seien; und auch nicht in die Annahme, dass die Preise einfach der Knappheit wegen steigen werden. Dennoch müssen wir die These zur Kenntnis nehmen, denn in der Klimapolitik haben Wahrnehmungen durchaus Durchschlagskraft.

Es gibt jedoch noch eine andere, stärker empirisch orientierte Denkrichtung, die sich von der These des „Knappheitsmaximums" distanziert und mit einem „Fördermaximum" („rate peak") argumentiert (Plumner 2013). Sie stellt richtig fest, dass die Öl- und Gasförderung aus „dichtem" Gestein pro Einheit erheblich

mehr kostet als die Förderung des leicht abbaubaren Öls („easy oil") der Ölvorkommen, die, wie etwa in Saudi-Arabien und den Golfstaaten, ihr Fördermaximum bereits überschritten haben; dass also die R/P-Kennziffer zwar derzeit
steigt, der Abbau dieser neuen Vorkommen jedoch große und ebenfalls steigende
Kosten verursacht. Daher, so das Argument, werden die Kosten einer auf fossilen Brennstoffen basierenden Energieproduktion auf jeden Fall steigen, wenn
auch nicht primär aus den von den Verfechtern des „Knappheitsmaximums"
angeführten Gründen. Sobald die Investitionsertragsquote zu ungünstig wird,
wird der Abbau unwirtschaftlich und, so die Annahme, das „Fördermaximum"
wird erreicht.

Wird es das wirklich? Die "Knappheitsmaximum"-These übergeht und die
„Fördermaximum"-These unterschätzt die Rolle der Erfindungsgabe, die Menschen unter den richtigen institutionellen Bedingungen entfalten können. Die
durch Horizontalbohrverfahren und „Fracking" ausgelöste „Ölschiefer-
Revolution" ist das beste Beispiel. Sind wir denn sicher, dass es nicht noch mehr
solche Überraschungen geben wird? Was uns, von heute aus gesehen, erwartet,
sind nicht schwindende Reserven an fossilen Brennstoffen und steigende Preise,
sondern zumindest mittelfristig weiterhin ein Standard mit relativ niedrigen Preisen für fossile Brennstoffe (als effektiver Gebrauchswert für die Wirtschaftstätigkeit), insbesondere Erdgas und Kohle. Der weltweite Kohleverbrauch stieg
2011 um 5,4% und erlebte den größten absoluten quantitativen Anstieg von allen
Brennstoffen. Und auch wenn Extrapolationen aus einem kurzfristigen Trend
immer heikel sind, so bleibt doch die Tatsache, dass die derzeit sinkenden realen
Kosten der Kohle zum Teil eine Folge der Substitution von Kohle durch Gas im
US-Energiemix sind.

Zugleich ging 2012, hauptsächlich aufgrund der reihenweisen Abschaltung
der japanischen Atomkraftwerke nach dem Tsunami in Fukushima, der Verbrauch von CO_2-armem Atomstrom um 6,9% zurück – der stärkste bisher re-
gistrierte Rückgang innerhalb eines Jahres. Und diejenigen, die auf eine rasche
Substitution durch „Erneuerbare" vertrauen, seien daran erinnert, dass alle Erneuerbaren zusammen, die Wasserkraft nicht eingerechnet, gerade einmal 1,6%
des globalen Energieverbrauchs ausmachten.

Ob es, wie vorhergesagt, durch knapper werdende fossile Brennstoffe und
steigende Preise zu einer Energiewende auf Basis von „erneuerbaren" Energien
kommt, ist also alles andere als sicher. Wirksame gesellschaftliche Anstöße zur
Energieinnovation werden offensichtlich woanders herkommen müssen als von
irgendwelchen „Maxima".

Die einzige CO_2-freie Energiequelle, deren Leistung sich technisch in kurzer Zeit hochfahren lässt, ist die Atomenergie – viel höher als die Erneuerbaren
in derselben Zeit; aber nach Fukushima geht zwar nicht in China und in gewissem Ausmaß auch nicht in Indien, aber jedenfalls im Westen der Trend in die

entgegengesetzte Richtung. Man sollte nicht vergessen, dass in Fukushima die atomaren Sicherungssysteme großenteils gegriffen haben: Das verheerende Ausmaß des Unfalls kam daher, dass die Tanks mit dem Dieselöl für die Notstromgeneratoren der Kühlsysteme nicht ausreichend geschützt waren: ein Anlagenplanungs- und Lowtech-Fehler. Vom Fukushima-Störfall ist zu lernen, dass wir nicht nur alle Anstrengungen unternehmen müssen, um die Nuklearsicherheit und überhaupt die Sicherheit aller Systeme in Atomkraftwerken zu verbessern – denn es wird auf der ganzen Welt immer mehr Atomkraftwerke geben -, sondern dass es selbst in einem Land wie Japan mit seiner ausgereiften Technologie zu Unfällen kommen kann.

Nach dem Unfall gingen Untersuchungskomitees an die Ermittlung der Ursachen. Einige waren kontextspezifisch (etwa Missmanagement in der *Tokyo Electric Power Company* (TEPCO) und anderen Organisationen); aber andere gingen weit darüber hinaus. Atomare Störfälle könnten auch in China oder Indien passieren: eine Möglichkeit, die nicht auszuschließen ist. Atomkraft dürfte wohl niemals die einzige Lösung für eine CO$_2$-arme Energiewende sein, und dies nicht nur wegen des technologisch bedingten Störfallrisikos solcher Anlagen (Tschernobyl, Three Mile Island, Fukushima), sondern auch, weil ein Ausfall wie der, den Japan gerade erlebt hat, gravierende Auswirkungen auf das Muster der weltweiten Energieversorgung und die Weltwirtschaft haben kann, sobald Unfälle wie in Fukushima geschehen. In Japan hatte die Abschaltung der Atomkraftwerke nach Fukushima nicht nur Stromknappheit zur Folge; sie brachte auch die Terminals für den Flüssigerdgas-Import des Landes an die Grenzen ihrer Kapazität und führte zu einem gewaltigen Anstieg der japanischen Kohleimporte. Auch diese Extrakosten trugen zur Dezimierung von Japans historischen Handelsbilanzüberschüssen bei.

1.4   Heutige CO$_2$-arme Energietechnologien sind technisch und ökonomisch nicht wettbewerbsfähig

Der Umbau des Welt-Energiesystems ist eine der wichtigsten politischen und technologischen Herausforderungen des 21. Jahrhunderts. Vielleicht ist er *die* wichtigste Herausforderung. CO$_2$-arme Brennstoffe haben eine geringe Energiedichte, und dies ist die Ursache für viele der technologischen Schwierigkeiten bei dieser geplanten Wende. Das heißt, CO$_2$-arme Energietechnologien haben noch diverse Hürden zu überwinden, ehe sie für eine Verbreitung in großem Maßstab geeignet sind. Es sind viele Hürden, und es sind entscheidende Hürden: Investitions- sowie Betriebs- und Wartungskosten; Einspeisungskosten, die durch die nicht steuerbaren Leistungsschwankungen (Unterbrechungen) der gängigen Wind- und Sonnenenergieanlagen entstehen; und die öffentliche Akzeptanz, vor allem im Hinblick auf die oft diffusen geografischen Auswirkungen dieser CO_2-armen Brennstoffe. Jede dieser Hürden ist gegenwärtig hoch. Eine teilweise Ausnahme bildet nur die Stromerzeugung aus Biomasse, eine Standardtechnologie für Energie „auf Abruf", die heute weniger umstritten ist und mehr genutzt wird, als allgemein angenommen wird (die Hälfte der in Großbritannien zwischen 2002 und 2012 erzeugten „grünen" Megawattstunden kamen von Technologien auf Biomasse-Basis). Aber der Anbau von Biomasse-Brennstoffen in der erforderlichen Größenordnung verursacht Umweltprobleme und Konflikte über Zweckmäßigkeit und Kosten der Landnutzung (insbesondere in Bezug auf die Nahrungsmittelproduktion), die ihm ebenfalls Grenzen setzen.

Heute sind im Elektrizitätssektor die direkten Kosten der Stromerzeugung mit Technologien für erneuerbare Energien im Regelfall 50% bis 300% höher als beim simplen Verbrennen von fossilen Brennstoffen wie Gas oder Kohle.[4] Wind- und Solarkraft sind trotz einiger Fortschritte pro Leistungseinheit (MW) immer noch vergleichsweise kapitalintensiv, und rechnet man dann noch die geringe Auslastung hinzu (rund 10% bei Solar- und rund 25% bei Windenergie in Europa), sind die Kosten pro erzeugte Megawattstunde (MWh) notwendigerweise ebenfalls hoch. Außerdem bedeutet nicht-steuerbare Stromerzeugung hohe Einspeisungskosten. Ganze Geschwader von konventionellen Anlagen müssen weiter bereitstehen, um die Energieversorgung zu gewährleisten, wenn zum Beispiel an bewölkten, windstillen Nachmittagen keine erneuerbare Energie zur Verfügung steht. Zusätzliche Stromtrassen müssen gebaut werden, um Überlastungen zu verhindern, und Spezialkraftwerke müssen errichtet werden, die bei nicht zutreffenden Vorhersagen für Windstärke und Sonnenscheindauer rasch reagieren und für Ausgleich sorgen können. Manche Studien kommen zu dem Schluss, dass die Kosten, die bei der „Einspeisung" selbst geringfügiger Anteile von erneuerbaren Energien anfallen, ziemlich hoch sein dürften, was dann natürlich auch die direkten Kosten für Energie aus diesen Quellen deutlich in die Höhe treiben würde (siehe z.B. Purvins 2011; Denholm & Hand 2011; MIT Energy Initiative Symposium 2011; Idaho Power 2013; Gibson 2011).

Atomstrom wiederum, der in China, wo zur Zeit 29 Kraftwerke im Bau sind, eine gangbare Lösung zu sein scheint, ist mit Sicherheitsproblemen im Zusammenhang mit den heutigen Leichtwasserreaktoren sowie mit allgemeineren Sachzwängen konfrontiert, wie sie oben im japanischen Kontext beschrieben wurden. Die aktuellen CO_2-Abscheidungstechnologien sind zwar sehr interes-

---

4   Siehe US Energy Information Administration (2011), Tabelle 1. Zu den zentralen Schätzwerten gehören: Gas-und-Dampf-Kombikraftwerke ($ 63-66/MWH); Kohlekraftwerke ($ 94-109/MWH); Kohlekraftwerke mit CO2-Abscheidung und -speicherung (CCS; $ 136/MWH); Atomreaktoren der dritten Generation ($ 113/MWH); Onshore-Windparks ($ 97/MWH); Offshore-Windparks ($ 243/MWH); Photovoltaik ($ 210/MWH); Solarthermische Anlagen($ 311/MWH).

sant, aber immer noch von jeder Rentabilität weit entfernt und könnten die Kosten von Kohle- oder Gasstrom um bis zu 50% erhöhen. Energieeffizienz schließlich, oft als der kostengünstigste Weg zur Vermeidung von CO_2-Emmissionen angepriesen, dürfte dank wachsendem Verbrauch in den Entwicklungsländern kaum als Allheilmittel für den Klimawandel taugen, nicht zuletzt aus den weiter oben genannten, in Jevons' Paradoxon formulierten Gründen (BP 2013). Tatsächlich deutet manches darauf hin, dass die Energieeffizienz dank zunehmend energieintensiver Lebensstile und industrieller Produktionsweisen weltweit sinkt (BP 2012).[5] Selbst mit einer so aggressiven Gesetzgebung zur Steigerung der Energieeffizienz wie in Kalifornien ist es nicht gelungen, den Energiebedarf um mehr als rund 15% des Ausgangswerts zu senken (Sweeney & Sudarshan 2011).[6]

Aufgrund dieser erheblichen Hürden sind die Kosten, die bei der Gewinnung und Umwandlung von Energie mit geringer Energiedichte aus organischen Zyklen sowie beim Transport zum Verbraucher entstehen, nicht stark genug gesunken, um bei heutigen Preisen auch nur entfernt mit der kohle- oder gasbasierten Stromerzeugung konkurrieren zu können. Ebenso trübe, wenn nicht noch trüber, sind ihre Aussichten im Verkehrssektor. Als Kraftstoffe – etwa im öffentlichen Nahverkehr in indischen Städten – weisen Öl und in gewissem Maße Flüssigerdgas (*Liquid Natural Gas*, LNG) und komprimiertes Erdgas (*Compressed Natural Gas*, CNG) immer noch so viele Vorzüge auf (hohe Energiedichte und somit hohe Kilometerzahl pro Liter, Sicherheit, Transportierbarkeit, Vorhandensein eines Netzes von Auffüllstationen usw.), dass sie, nicht zuletzt wegen der Fehlstarts bei der Einführung von Wasserstoff- und reinen Elektroantrieben, ihre Spitzenposition unangefochten behaupten können, wie die sehr geringe Akzeptanz (außer als modisches oder politisches Statement in manchen reichen Wahlbezirken) von Fahrzeugen mit alternativen Antriebssystemen zeigt.

1.5 Radikaler Pragmatismus verweist auf Lösungen, die einfach, aber wirksam sind

Wir können also ganz klar sehen, dass es kein griffiges und schlagkräftiges externes Argument gibt, das dem Anliegen einer Wende von CO_2-reichen zu CO_2-armen, CO_2-freien oder CO_2-negativen Energiequellen Schubkraft verliehe. Die Wende wird aus eigener Kraft kommen müssen. Deshalb geben wir auf allen Stufen und in allen Größenordnungen des Innovationsprozesses pragmatischen Lösungen den Vorzug. Die einfachste Lösung ist meist die beste. In der Praxis

---

5   siehe auch Daten der Weltbank 2012: http://databank.worldbank.org/

6   Einer anderen, neueren Studie zufolge scheint der Effekt der kalifornischen Energiepolitik im Grunde gleich Null gewesen zu sein (Levinson 2013).

bedeutet das eine Herangehensweise, die auf kühne Annahmen verzichtet, Beispiele findet und erweitert, die nachweislich funktioniert haben, und bewährte Verfahren („Best Practice") aufgreift und überträgt.

Der Kyoto-Prozess hat die Reduzierung der Treibhausgasemissionen, die er versprach, nicht gebracht, weil er schwer handhabbar, kompliziert und kostspielig war. Er ging von unrealistischen Annahmen darüber aus, was Nationen zu leisten bereit und in der Lage sind, und setzte unbegründetes Vertrauen in international bindende rechtliche Vereinbarungen. Infolgedessen haben die komplizierten Mechanismen, mit denen die Mitigationskosten von den Entwicklungs- auf die Industrieländer verschoben werden sollten, nicht in dem von den Architekten des Kyoto-Protokolls anvisierten Umfang zu Emissionsreduktionen in den Entwicklungsländern geführt. Die Vereinigten Staaten lehnten es ab, dem Vertrag beizutreten, und China, Indien und andere große Emissionsverursacher, die für den Großteil des Emissionsanstiegs verantwortlich sind, wurden von seiner Einhaltung ausgenommen. Alle erkannten, durchaus richtig, dass der Kyoto-Prozess das Wirtschaftswachstum ernsthaft behindern würde, und waren nicht bereit, diesen Nachteil in Kauf zu nehmen. Zudem wurden im Kyoto-Prozess die technologischen Mittel, mit denen die Nationen ihre Treibhausgasemissionen reduzieren könnten, bis vor kurzem noch nicht einmal benannt, geschweige denn gefördert.

Wo Länder signifikante Emissionsreduktionen erreichten, geschah dies, weil sie praktischen Lösungen folgten, die das Wirtschaftswachstum nicht beeinträchtigen. In einigen Fällen tragen sie sogar wesentlich zu ihm bei. In den Vereinigten Staaten wurde und wird kohlebasierter Strom rasch von erdgasbasierten Strom abgelöst, weitere Reduktionen verdanken sich dem Einsatz von modernen erneuerbaren Energien und den Effizienzsteigerungen im Kraftfahrzeugbereich. In den USA sind die energietechnisch bedingten CO_2-Emissionen auf ihrem tiefsten Stand seit 20 Jahren (US Energy Information Administration 2012a). Die Entkarbonisierung des Stromsektors in den USA wurde möglich, weil reichlich kostengünstiges Erdgas zur Verfügung stand und weil – auch wenn dies eine viel geringere Rolle spielt – der Ausbau der erneuerbaren Energien gezielt subventioniert wurde. Frankreich entschied sich Ende der 1970er und in den 1980er Jahren für die Strategie, den wachsenden Energiebedarf durch einen – mit handfesten staatlichen Subventionen geförderten – Ausbau der Atomindustrie zu decken. Von 1979 bis 1989 gingen die französischen CO_2-Emissionen um rund 30 Prozent zurück, ein Stand, auf dem sie seither geblieben sind. Aber Frankreich ist (wie immer) ein Sonderfall.

1.6 Bitte nur vorurteilsfreie und pluralistische Politik!

Klimapolitische Maßnahmen müssen nicht nur pragmatisch und so einfach wie möglich sein, sondern auch technologisch vorurteilsfrei verfahren und keine bestimmte Technologie *a priori* ausschließen oder bevorzugen (nicht von vornherein Gewinner favorisieren und Verlierer stigmatisieren). Erfahrungen in anderen Bereichen, zum Beispiel mit der vom US-Verteidigungsministerium ins Leben gerufenen *Defense Advanced Research Projects Agency* (DARPA, einer Behörde, die Forschungsprojekte für die Streitkräfte durchführt), haben gezeigt, dass man mit der Konzentration auf Ergebnisse und mit agnostischen Annahmen hinsichtlich der Wege, die zu diesen Ergebnissen führen, weiter kommt als mit der Favorisierung bestimmter technologischer Entwicklungslinien. Dies gilt besonders dort, wo es um die Integration vieler verschiedener Technologien geht, denn nur so können interdisziplinäre Problemlösungen gefördert und Anstöße zur Kreativität gegeben werden. Die Finanzierung solcher Prozesse sollte konkurrenzorientiert sein, und Geldgeber sollten bereit sein, erst einmal explorative Forschungsvorhaben zu fördern, ehe Prioritäten für die inhaltliche Entwicklung gesetzt werden. Außerdem sollte die Förderung der Vermarktung und Entwicklung von Technologien, die noch im Anfangsstadium oder noch nicht voll ausgereift sind, innovationszentriert bleiben, sodass immer nur der Entwicklungsstand unterstützt wird, der nötig ist, um Innovations- und Lernprozesse in Bezug auf das künftige Potenzial solcher noch nicht ausgereifter Technologien und Geschäftsmodelle in Gang zu halten. Konkurrenz zwischen technologischen Ansätzen, deren Verbesserung noch im Gange ist, muss aufrechterhalten, eine Vorab-Favorisierung bestimmter Ansätze vermieden werden.

1.7 Ohne Fehlschläge kein Erfolg

Innovation ist chaotisch. Sie ist ein dynamischer, evolutionärer Prozess, in dem Technologien erfolgreich oder nicht erfolgreich sind, je nach dem, wie gut sie sich unter den herrschenden Marktverhältnissen behaupten können, die ihrerseits von der Politik beeinflusst werden und sich manchmal rasch verändern. Entgegen einer weit verbreiteten Ansicht sind häufige Fehlschläge von Innovatoren nicht an sich schon ein Problem, auch nicht, wenn sie größere Dimensionen annehmen. Ein Problem ist vielmehr eine Kultur, die Fehlschläge – oder die für sie Verantwortlichen – stigmatisiert, die Bereitschaft schwächt, kalkulierte Risiken einzugehen, und potenzielle Innovatoren davon abhält, ihre Vision weiter zu verfolgen. Ebenso problematisch ist die Situation, die entsteht, wenn Innovatoren, weil es keine effizienten Prozesse und Anreize zur Diagnose von eigenen oder fremden Fehlern gibt, aus Fehlschlägen nicht lernen und die Lehren, die sie aus ihnen ziehen, nicht auf ihre weitere Innovationstätigkeit anwenden können.

Entscheidend ist daher ein Klima, in dem Inventoren (und Politiker) Risiken eingehen und scheitern dürfen: ein Klima, in dem aus Fehlschlägen gelernt statt auf Fehlschläge mit Stigmatisierung reagiert wird; in dem potenzielle Innovatoren auch bei Fehlschlägen das Recht auf weitere Versuche haben; und in dem mehr Menschen ermutigt werden, sich überhaupt an Innovationen zu beteiligen. Wir müssen die Bereitschaft zum kalkulierten Risiko erhöhen, indem wir die direkt finanziellen und die Opportunitätskosten von Fehlschlägen senken. Wir müssen unsere ganze Wahrnehmung von Fehlschlägen ändern. Das ist leichter gesagt als getan, und doch ist es ganz wesentlich: die Veränderung der Wahrnehmung von Fehlschlägen und die Erhöhung der Bereitschaft zum kalkulierten Risiko durch Senkung der direkt finanziellen und der Opportunitätskosten von Fehlschlägen.

1.8 Wir brauchen das Zusammenspiel von Invention und Innovation

Wie schon von einigen von uns im Hartwell-Papier von 2010 vertreten, setzt die Erweiterung des Zugangs zu moderner Energie bei gleichzeitiger Reduktion der anthropogenen Treibhausgasemissionen sowohl einen raschen Transfer der besten derzeit verfügbaren CO_2-armen Technologien an alle voraus als auch eine nachhaltige Verbesserung der CO_2-armen Technologien selbst. Aber es führen zwei Wege zu diesem Ziel. In dem vorliegenden Papier treten wir für eine Politik ein, die sowohl auf schrittweise Innovation – die schrittweise Erweiterung unserer technologischen Grenzen durch Leistungssteigerung und Kostensenkung – als auch auf radikale Invention setzt, die bestehende Energiemärkte „aufbrechen" und die Energiewende beschleunigen kann.

Um die doppelte Herausforderung von Emissionsreduktion und Energieexpansion handhabbar zu machen, unterteilen wir die Innovation im Energiebereich in drei Kategorien:

- CO_2-ärmere Energietechnologie
- CO_2-freie Energietechnologie
- CO_2-negative Energietechnologie

Die beiden ersten Technologien gibt es bereits, und die Innovation in diesen Kategorien kann und sollte sowohl schrittweise als auch radikal sein. Bestehende Technologien in diesen Kategorien könnten, sobald sie ökonomisch rentabel sind, auch breit zur Anwendung kommen. Im ersten Fall könnten Energiespartechnologien und CO_2-ärmere und CO_2-freie Energieerzeugungstechnologien von Industrieländern mit geringer CO_2-Intensität (CO_2/BIP) an große Schwellenländer mit hoher CO_2-Intensität weitergegeben werden. Dass Indien und China ungefähr vier bzw. fünf Mal so CO_2-intensiv sind wie die Vereinigten Staaten und ungefähr dreizehn bzw. achtzehn Mal so CO_2-intensiv wie die weltweit führenden Länder mit den geringsten CO_2-Intensitäten, etwa Schweden, lässt vermuten, dass hier noch erheblicher Raum für Verbesserungen auf der ganzen Linie besteht.

Die dritte technologische Kategorie – CO_2-negative Technologien – könnte sich als entscheidend für die Handhabung globaler Umweltsysteme erweisen, vor allem, wenn unsere heutigen Emissionsverläufe mehr oder weniger unverändert bleiben. Sofern nicht die Atomenergie in einem heute nicht vorgesehenen Umfang ausgebaut wird, reichen die CO_2-armen und CO_2-freien Technologien in ihren heutigen Formen nicht aus, um bei weiterhin steigenden Bevölkerungszahlen, anhaltendem Wirtschaftswachstum und steigendem industriellen Bedarf eine absolute Reduktion der Treibhausgasemissionen zu erzielen. Hier kämen Technologien zur CO2-Abscheidung und -Speicherung (CCS) und CO2-Abscheidung und -Verwendung (CCU) in Frage, wobei CCU kurzfristig erfolgversprechender sein dürfte. Zudem werden zur Zeit Experimente durchgeführt, um ein neues chemisches Katalyseverfahren zu entwickeln, mit dem sich CO2 direkt in neue Materialien einschließlich Nahrungsmittel und Stoffe umwandeln lässt.

Die bisherigen Anläufe, Technologien zur CO2-Abscheidung und -Speicherung (CCS) vom Entwurfs- zum Demonstrationsstadium und schließlich zur kommerziellen Anwendung zu bringen, waren nur minimal erfolgreich, obwohl einige Demonstrationsanlagen in Betrieb sind. Dagegen haben Technologien zur CO_2-Abscheidung und -Verwendung (CCU) bereits das Demonstrationsstadium erreicht, etwa in den kanadischen Athabasca-Ölsandregionen. In Norwegen und in den Vereinigten Staaten wird CO_2 im Verbrennungsprozess abgeschieden und dann zum Abbau der Restvorkommen von konventionellen Ölfeldern eingesetzt (ein Prozess, der *Enhanced Oil Recovery* (EOR; verbesserte Ölgewinnung) genannt wird). CO_2 wird außerdem im Intensivgartenbau zur Beschleunigung des Pflanzenwachstums eingesetzt, ein Prozess, bei dem CO_2 ebenso wie bei der verbesserten Ölgewinnung einen Marktwert bekommt. Aber die Bemühungen um die Entwicklung und Anwendung solcher Technologien sind nicht annähernd so schnell vorangekommen, wie von praktisch allen internationalen Energieagenturen und großen Energieunternehmen in ihren Szenarien zur Eindämmung des Klimawandels angenommen (oder für notwendig gehalten) wurde.

1.9 Anwendungen von Technologien im Frühstadium sollten Mittel und nicht Zweck sein

Der Innovationszyklus umfasst Forschung, Entwicklung, Erprobung, Demonstration, Anwendung und Verbreitung. Er ist ein nicht-linearer Prozess, in den viele kritische Rückmeldungen und mögliche Problemlösungen einfließen, die in jedem Stadium identifiziert und verfolgt werden müssen. Die staatliche Förderung von Forschung und Entwicklung im Anfangsstadium ist ein anerkanntes und – wegen der erheblichen Differenz zwischen den Investitionserträgen, mit denen der Staat bzw. die Privatwirtschaft in diesem Stadium rechnen – sinnvolles ökonomisches Prinzip. Wir meinen, dass diese Differenz zwischen Staat und Privatwirtschaft nicht bloß auf das Anfangsstadium von Forschung und Entwicklung bzw. auf die „Inventions"-Phase der Innovation im Energiebereich beschränkt ist. Doch Erprobung und Demonstration werden vom Staat nicht immer gefördert, weil der Finanzierungsbedarf in diesen Stadien stark steigt, mitunter um eine Zehnerpotenz; und weil Regierungen oft Angst haben, mit Fehlschlägen in Verbindung gebracht zu werden.

Beim Übergang vom FuE-Anfangsstadium zum Verbreitungsstadium gibt es vor allem zwei Hindernisse, die darauf hindeuten, dass staatliche Finanzierung auch in den Zwischenstadien von Innovationen nötig ist. Das erste Hindernis, das überwunden werden muss, ist das sogenannte „technological valley of death", das „finstere Tal", aus dem die neue Technologie nicht herauskommt, wenn das Kapital, das nötig wäre, um ein wissenschaftliches Ergebnis in ein potentiell profitables Produkt zu verwandeln oder um Pilotprojekte durchzuführen, wegen des hohen Fehlschlagsrisikos ausbleibt. Das zweite Hindernis ist die Schwierigkeit, Geldgeber zu finden, um technologische Demonstrationsvorhaben im Echtmaßstab zu unterstützen – auch „commercialization valley of death" genannt, das „finstere Tal", durch das der Weg zur Vermarktung führt (Jenkins & Mansur 2011).

Die Durststrecken, in denen vielversprechende Technologien im Frühstadium hängenbleiben, sind bei Energietechnologien besonders kritisch, weil bei ihnen im allgemeinen hohe Investitions- und Infrastrukturkosten anfallen. Ohne staatliche Unterstützung und ohne eine Politik, die spätere Investitionen im Privatsektor unterstützt, kann die Durchwanderung eines solchen „finsteren Tals" nicht gelingen; aber diese Unterstützung muss so zugeschnitten sein, dass sie nicht zu einer sterilen Anwendung um der Anwendung willen führt, die den Weg zu weiteren schrittweisen Innovationen oder Inventionen gewöhnlich abschneidet. Dies ist einer der zentralen Punkte des Hartwell-Ansatzes.

1.10 Innovationen im Energiebereich müssen auf mehr als einem Wege vorangetrieben werden

Im allgemeinen versteht man unter Innovation die „erfolgreiche Umsetzung einer neuen Idee". Doch in dieser umgangssprachlichen Definition bedeuten Innovation und Invention mehr oder weniger das Gleiche, wie wir bereits zu Anfang bemerkt haben. Es kommt zwar vor, dass eine Innovation direkt aus einer neuen Invention – einer einzigen Entdeckung – folgt, aber in der Regel sind Innovationen das Ergebnis einer Kombination von Faktoren, von denen die Invention nur einer ist. So spricht einiges dafür, dass sich der Erfolg von Apple im Bereich von PCs und Telekommunikationsgeräten eher Innovationen im Bereich der menschlichen Interaktion – und dem Apple-Geschäftsmodell – verdankt als den technologischen Merkmalen seiner Geräte. Die GSM-Standards (*Global Systems for Mobile Communications*, digitaler Mobilfunkstandard), auf die sich die Industrie und die EU geeinigt hatten, lieferten das Grundgerüst für alle Innovationen, die den Zugang zur mobilen Datenübertragung eröffneten. Das Zusammenspiel von Technologie, Standards und individueller Wahl ist gut erforscht im Zeitalter der Informations- und Kommunikationstechnologien, wo tiefgreifende gewollte oder ungewollte Veränderungen in der Nutzung einer Technologie durch die Menschen zur Routine geworden sind: „Soziale Netzwerke" sind das vielleicht bedeutendste neuere Beispiel.

Für alle Aspekte des Innovationsprozesses werden Investitionen benötigt, aber in jedem Stadium dieses Prozesses sind Art und Ebene der benötigten Unterstützung anders. Zudem ist die Bereitschaft, in Innovationen zu investieren, von einem allgemeineren kulturellen und institutionellen Kontext abhängig, aus dem auch das Wissen und die Fähigkeiten hervorgehen, die die Basis und die treibende Kraft der Aktivitäten von innovationsorientierten Organisationen sind. Deshalb ist ungleichmäßige Verteilung und Ortsbedingtheit eines der Hauptmerkmale des Innovationsprozesses, was auch heißt, dass angesichts der Ungewissheit, die in der Natur aller innovativen Experimente und Projekte liegt, die Durchführung vieler verschiedener, parallel laufender Forschungs-, Entwicklungs-, Demonstrations- und Anwendungsprojekte (*Research, Development, Demonstration and Deployment*, RDD&D) nicht an sich schon Verschwendung ist und tatsächlich die effizienteste Weise sein kann, in technologisches Neuland vorzustoßen.

Die Folgerungen, die sich daraus für Innovationen im Bereich CO_2-armer Energien ergeben, sind so gewichtig wie klar. Keine Technologie, Klasse von Technologien, Forschungsrichtung oder RDD&D-Investitionsstrategie wird allein in der Lage sein, die Technologien zu erschließen, die wir brauchen, um der Herausforderung der Produktion von bezahlbaren, zuverlässigen, skalierbaren CO_2-armen Energietechnologien zu begegnen. Wir müssen viele verschiedene Wege zur Innovation beschreiten und zugleich die Koordination zwischen den laufenden wie den künftigen Bemühungen verbessern.

1.10.1 Eine breite soziale „Bottom-up"-Legitimation ist für die Energiepolitik moralisch und praktisch unentbehrlich

Innovation heißt, neu darüber nachzudenken, wie wir Energie bereitstellen, und also auch, wie wir über unsere heutigen Arrangements hinaus- bzw. hinter sie zurückgehen können. Analysen der Art, wie sie von Energiesystemen und integrierten Bewertungsmodellen geliefert werden, konzentrieren sich hauptsächlich auf große Systeme. So kommen solche Studien zum Beispiel zu dem Schluss, die wichtigsten technologischen Veränderungen in den Energiesystemen seien: 1) möglichst weitgehende Elektrifizierung (z. B. von Verkehrssystemen, Heizung und Kühlung und anderen energiebasierten Dienstleistungen), 2) deutliche Einschränkung der kohlebasierten Stromerzeugung und 3) Entwicklung von Bio-Kraftstoffen und sonstigen CO_2-armen oder CO_2-freien Verkehrssystemen. Doch Systeme, die für diejenigen gebraucht werden, die keinen Zugang zu einer modernen Energieversorgung haben, passen nicht in dieses Schema, denn sie müssten in einer solchen Vielfalt von Kontexten entwickelt werden – von dünn besiedelten Regionen bis zu dynamisch wachsenden Städten, von Regionen ohne Infrastruktur bis zu Regionen mit reichlicher, aber schlecht funktionierender Infrastruktur, von dringend benötigten Bewässerungssystemen über Bildung bis zu Verkehrssystemen in Entwicklungsländern –, dass dies an sich schon eine Herausforderung darstellt.

Es gibt kein simples Rezept. Es gibt keine Einheitsgröße, die allen passt, es kann sie nicht geben. Jedes zivilgesellschaftliche oder politische Vorhaben kann, wie schon Edmund Burke, ein anglo-irischer Politiker und Denker des 18. Jahrhunderts, ganz richtig bemerkte, je nach den Umständen zum Segen oder zum Fluch für die Menschheit werden. Die Atomkraft, die Schweden für die Beleuchtung seiner Städte in den dunklen Wintern nutzt, ist keine Lösung für die dezentralen Kleinstkraftwerke der Savannendörfer im Sonnengürtel des subsaharischen Afrika. Das beste Transportmittel für einen steilen Hang in Rio de Janeiro kann ein einfaches System aus Flaschenzügen sein, viel besser als eine ingenieurtechnisch hochmoderne Straße und entsprechende Fahrzeuge. Kurzsichtige Versuche, bestimmte Technologien trotz der lokalen Gegebenheiten zu fördern, werden unweigerlich scheitern, weil sie diese schlichte, aber entscheidende Erkenntnis ignorieren.

Kontextspezifische Anpassung ist nicht nur ein solides Prinzip für technisches Design; sie ist auch eine Voraussetzung dafür, dass eine Politik oder einer Technologie in der Bevölkerung auf jene Akzeptanz stößt, die die Entscheidungsträger zur Legitimation ihres Handelns brauchen. Dies nämlich ist, wie weiter unten noch ausführlicher dargestellt werden soll, die wichtigste positive Lehre, die wir aus den Fehlschlägen der Jahre 2003-2007, der Hochzeit der internationalen Klimapolitik, ziehen können: die unbedingte Notwendigkeit einer breiten sozialen „Bottom-up"-Legitimation für jede neuartige Politik. In den Jahren direkt vor dem Bankencrash von 2008 hatten die Politiker weniger Hemmungen, mit dem Geld ihrer Wähler großzügig umzugehen, und auch die Steuerzahler und Verbraucher schauten, was die Kontrolle der Einnahmen und Ausgaben des Staates anging, nicht so genau hin. In dem Maße, wie sich diese Stimmung eines allgemeinen Wohlergehens verflüchtigte, schwand auch die Bereitschaft zur Absegnung von teuren staatlichen Mammutprogrammen.

Wir brauchen eine alternative Vorgehensweise. Die Menschen machen sich Sorgen wegen des Klimawandels und seiner Auswirkungen, so viel ist richtig. Aber erklärte Einstellungen stimmen nicht immer mit tatsächlichen Handlungen überein oder, was entscheidender ist, mit der Zahlungsbereitschaft. Ein tragfähiger Ansatz muss die Öffentlichkeit ernsthaft in eine transparente Diskussion über Kosten, Nutzen und Risiken von vorgeschlagenen Lösungen einbeziehen. Was natürlich auch heißt, die Möglichkeit zu akzeptieren, dass die Öffentlichkeit den Vorschlägen der Politiker nicht zustimmt. Aber nur wenn die Politik dieser Nagelprobe unterzogen wird, können Politiker und Gesetzgeber begreifen, wo die Toleranz, die sie realistischerweise von ihren Wählern erwarten können, ihre Grenzen hat. Nur mit diesem Wissen kann Politik auf eine Weise umgesetzt werden, die öffentliche Unterstützung eher anzieht als untergräbt.

2 Neuere Erfahrungen mit Energieinnovationen im Hinblick auf die Energiewende

2.1 Verordnete oder „forcierte" Energiewenden sind schwierig und ungewöhnlich, aber nicht unmöglich

Energiewenden sind Langzeitprozesse. Seit dem Aufstieg des Kohlekraft Ende des 18. Jahrhunderts ist das weltweite Energiesystem langsam aber stetig auf dem Weg zur Entkarbonisierung, erst mit der Ablösung der Biomasse durch Kohle, Öl und Gas, dann mit der Ablösung dieser drei untereinander als Referenzbrennstoff im Energiemix (Smil 2003). In den Jahrhunderten zwischen damals und heute ist die Menge der bei der Produktion einer Werteinheit (BIP) anfallenden CO_2-Emissionen um durchschnittlich 1,3 Prozent pro Jahr zurückgegangen, in erster Linie infolge einer verbesserten Energieeffizienz und eben dieses Prozesses der einander ablösenden Referenzbrennstoffe (siehe Ausubel & Langford 1997; Grubler et al. 2002). Die Herausforderung ist nun, dieses Grundtempo der Entkarbonisierung zu steigern: den Umbau des weltweiten Energiesystems in ein CO_2-ärmeres und schließlich CO_2-freies oder CO_2-negatives System zu beschleunigen.

Innovationen im Energiebereich geschehen ständig und in allen räumlichen und zeitlichen Dimensionen: Unternehmen und Individuen fällen täglich Entscheidungen, um ihre Verhältnisse zu verbessern; auf einer längeren Zeitskala nehmen Industrieunternehmen Investitionen vor und machen Regierungen Politik, und beides zusammen bestimmt die Gestalt einer die Kontinente übergreifenden Infrastruktur. Während das Innovationfieber mit seinen kürzeren Zeitskalen oft am sichtbarsten ist und die Erwartung einer raschen Systemwende schüren kann, vollzieht sich die Herausbildung eines neuen Verhaltens im weltweiten Energiesystem in einem langsamen, viele Generationen überspannenden Rhythmus (Smil 2003).

Menschliche Gesellschaften haben zwei wichtige Energiewenden durchgemacht. Die erste war vor acht- bis zehntausend Jahren der Übergang von den Jäger-und-Sammler-Gesellschaften zu den sesshaften Ackerbaugesellschaften. Der auf Biomasse basierende Energieverbrauch verhundertfachte sich und stieg dann stetig weiter an (Haberl 2006). Die zweite Wende, die industrielle Revolution, begann vor rund zweihundert Jahren. Mit den kohlenwasserstoffhaltigen

Energiequellen – den fossilen Brennstoffen – stieg der fortgesetzte Biomasse-Verbrauch der Menschheit weiter an, hauptsächlich für Nahrungsmittel und Fasern.

In dieser zweiten Energiewende ist im globalen Marktanteil der Primärenergie ein deutliches Muster zu erkennen. Der globale Energiemix verschiebt sich von einem CO_2-reichen Mix mit geringer Energiedichte zu einem CO_2-armen Mix mit hoher Energiedichte (Ausubel 1991). Diese Dynamik des weltweiten Energiesystems wird selten richtig erkannt, sonst wäre nicht so oft von *business as usual* die Rede, vom „gewohnten Gang" aller Geschäfte, der ein statisches und unveränderliches Energiesystem suggeriert. Tatsächlich aber besteht für alle Player im System – Individuen, Unternehmen, Industrien, Regierungen – dieser „gewohnte Gang" der Geschäfte in ständiger Innovation. Das Muster des Energiesystems, das wir beobachten, ist ein sich allmählich herausbildendes Kennzeichen dieser Gesamt-Innovationstätigkeit. Global gesehen läuft dieser Prozess auf einer multi-dekadischen Zeitskala ab.

Künftige Innovationsideen und künftige Innovationspolitik müssen mit dieser Multi-Skalen- Umwelt vereinbar sein und den langsamen Rhythmus der Veränderung im globalen Primärenergieverbrauch bewusst zur Kenntnis nehmen. Die derzeitige Energiewende der „industriellen Revolution" begann um 1800. Bis sie zum Abschluss kommt, dürfte noch der Rest des 21. Jahrhunderts vergehen. Die dann lebende Weltbevölkerung von (nach UN-Prognosen) acht bis zehn Milliarden, die immer häufiger in dicht besiedelten Stadtregionen lebt, muss mit Primärenergie aus Quellen mit hoher Energiedichte und CO_2-armen Eigenschaften versorgt werden. Und das könnte weniger schnell gehen, als manche sich wünschen. Auch wenn wir in diesem Papier nach Wegen suchen, diesen Prozess zu beschleunigen, so ist doch in Wahrheit unklar, wie sehr sich ein solcher langfristiger Prozess überhaupt beschleunigen lässt.

Natürlich können Regierungen versuchen, Energiewenden zu erzwingen. Beispiele für einen solchen verordneten Wandel sind die deutsche Energiewende und die US-amerikanische Einführung des *Renewable Portfolio Standard* (RPS, Regelungen, mit denen die Energieunternehmen verpflichtet werden, wachsende Anteile der von ihnen erzeugten Energie aus erneuerbaren Energiequellen zu beziehen). Die deutsche Energiewende steht für Deutschlands in sich einigermaßen widersprüchliche Festlegung auf eine Wende zu einer CO_2-freien – und uranfreien – Zukunft, die mit einer Kombination aus Subventionen für Wind- und Sonnenergie einerseits und Stilllegungen von Atomkraftwerken andererseits bewerkstelligt werden soll. In den USA erhalten Kraftwerke, die den Anforderungen des RPS genügen, produktions- und investitionsbezogene Steuergutschriften.

Wir behaupten nicht, dass verordnete Politik an sich bereits fehlschlagen muss. Es gibt beachtliche Erfolgsbeispiele, etwa Atominitiativen in Schweden und Frankreich oder Erdwärme in Island, allesamt mit Entkarbonisierungsraten von jährlich 3%, die über ein Jahrzehnt oder länger konstant blieben. Aber sie profitierten jeweils von ungewöhnlichen und eher seltenen politischen Systemen (in Frankreich von der Zentralisierung, in Skandinavien vom sozialen Zusammenhalt). Die allgemeine Erfahrung legt eher den Schluss nahe, dass eine verordnete Klimapolitik oft ineffizient ist und manchmal unbeabsichtigte Folgen hat. In Deutschland hatte die massive Förderung der Anwendung von Wind- und Sonnenenergie kurzfristig den widersinnigen Effekt, dass die atomare und gasbasierte Stromerzeugung zugunsten der CO_2-intensiveren kohlebasierten Stromerzeugung verdrängt wurde. Mit dem Rückgang der atomaren und gasbasierten Stromerzeugung nahm die stein- und braunkohlebasierte Stromerzeugung zu. Im Endergebnis blieb die Stromerzeugung aus fossilen Brennstoffen zwischen 2011 und 2012 netto unverändert. Es kann natürlich sein, dass die Deutschen dies mit Gleichmut hinnehmen, als eine weitere sonderbare Wendung auf den verschlungenen Wegen des speziellen Modells der Energiewende, das sie derzeit erkunden. Klar ist aber, dass die deutsche Energiewende bis jetzt noch keinen rentablen Sektor für erneuerbare Energien geschaffen hat, während die Verbraucher mit neuen Kosten belastet werden; und dass die auf diesem Wege gewonnenen Emissionseinsparungen durch den Effekt von billigerem Gas an anderer Stelle stark relativiert wurden (Lynas 2013).

In den Vereinigten Staaten erhöhte der staatlich verordnete RPS die Menge der nicht steuerbaren Energiequellen, deren Schwankungen durch konventionelle Stromerzeugung, gewöhnlich gasbasierte Kraftwerke, aufgefangen werden müssen (Sopinka & Pitt 2013). Je mehr nicht steuerbare Energiequellen im System dazukommen, desto schwieriger und desto teurer wird es, das Netz zuverlässig stabil zu halten, mit der Begleiterscheinung beträchtlich – und nicht-linear – steigender Managergehälter.

Es gibt noch mehr Beispiele für die Schwierigkeiten von verordneten Energiewenden. Um die Anwendung von bestehenden Technologien für erneuerbare Energien zu beschleunigen, versuchten die EU und einige nationale Regierungen, mit einer Mischung aus Gesetzgebung und Direktfinanzierung lukrative Märkte zu schaffen. Man wollte mit diesen Maßnahmen den favorisierten „Erneuerbaren" einen Marktvorteil verschaffen und propagierte sie unter Berufung auf die „Fördermaximum"-Theorie, nach der die Preise für fossile Brennstoffe durch den weltweit wachsenden Bedarf und ein mögliches Produktions-„Maximum" weiter steigen würden. Das Ergebnis war ein 3-Billionen-Euro-Terminkontrakt auf hohe Preise für fossile Brennstoffe – eine Wette, die seit 2009 kein Land der Welt mehr gewonnen hat, und schon gar nicht die USA (die von den Auswirkungen der Schiefergas-Ströme profitierten) (Atherton 2012).

Stattdessen war der Effekt all dieser Eingriffe ein Markt mit der Rechtsunsicherheit und dem Investorenverhalten, die typisch für Spekulationsblasen sind.[7] Spekulationsblasen zeichnen sich vor allem dadurch aus, dass Investoren in erster Linie auf individuelle Nutzenmaximierung durch *Rent-Seeking* aus sind: darauf, Profit statt aus der Wert- oder Mehrwertschöpfung aus der Manipulation der die Wirtschaftstätigkeit regulierenden sozialen oder politischen Rahmenbedingungen zu ziehen. Das Ergebnis einer solchen Verzerrung des Marktes ist ein „Einfrieren" der favorisierten, aber noch nicht ausgereiften Technologien, weil der Anreiz zu Invention und Innovation durch konkurrierende Anreize wirkungslos gemacht wird.

So führten Europas großzügig gewährte Ertragszuschüsse für die Anwendung bestehender CO_2-armer Technologien dazu, dass diese Industrien erlahmten. Unternehmen im subventionierten CO_2-armen Sektor waren der chinesischen Konkurrenz nicht gewachsen, die die europäischen Preise aus einer Reihe von Gründen unterbieten konnte, darunter flächendeckend niedrigere Löhne und – eine bitterböse Ironie – geringere Energiekosten aufgrund der Verfügbarkeit von billiger Kohle und straflos zu überschreitender Emissionsrechte. Tatsächlich spricht einiges dafür, dass es auf dem europäischen Markt für erneuerbare Energien ökonomisch weniger um die Verbesserung der Technologien ging als um die Sicherung von Landnutzungsänderungen und politisch garantierten, langfristigen Einkommensquellen.

Die klimapolitische Bedeutung dieser Dinge liegt auf der Hand, aber auch die sozialen Folgen verdienen unsere Aufmerksamkeit. Da die europäischen Industrien für erneuerbare Energien von Märkten abhängen, die das Ergebnis politischer Verfügungen sind, sind ihre Beschäftigten faktisch Staatsbedienstete, aber ohne die mit solchen Positionen gewöhnlich einhergehenden Sicherheiten. Wenn, was wahrscheinlich scheint, die Politik ökonomisch nicht tragfähig ist und nur noch radikale Kurskorrekturen helfen, sind diese Stellen jederzeit gefährdet.

2.2 Welche positiven Lehren lassen sich aus den zehn Jahren von 2003 bis 2013 ziehen?

Zwar hat die Politik zur Reduktion der CO_2-Emissionen unter dem Strich zu keiner signifikanten Entkarbonisierung geführt – was auch durch den jüngsten Sachstandsbericht der Internationalen Energieagentur (*International Energy Agency*, IEA, 2013) bestätigt wird, demzufolge die CO_2-Intensität der Weltwirtschaft in den letzten zwanzig Jahren praktisch gleich geblieben ist -, doch gab es

---

7   Siehe die berühmte Beschreibung eines solchen Verhaltens in Mackay (1841).

auch beachtliche Erfolge. Wichtiger aber ist, dass die Kosten nicht stark genug gesunken sind, um den betreffenden Sektoren auch nur mittelfristig eine realistische Chance zu bieten, sich von Subventionen unabhängig zu machen. (Subventionen, daran sei erinnert, bestehen nicht bloß aus direkten Ertragszuschüssen. Subventionen sind auch niedrige oder gar keine Anschlussgebühren und die Tatsache, dass die Einspeisungskosten für erneuerbare Energien fast immer – wie in Großbritannien – über das übrige System vergesellschaftet und umgelegt werden.)

Immerhin sind bei dem Experiment mit der verordneten Anwendung von CO_2-armer Energie gewaltige Datenmengen in Bezug auf die Leistung und die Systemintegration von Technologien für erneuerbare Energien angefallen, insbesondere im Stromsektor (aber auch in den Bereichen Kraft- und Heizstoffe ist derzeit viel zu lernen). Obwohl ein Großteil der Informationen den Analysten noch nicht voll zugänglich ist, ist doch klar, dass Investoren wie Innovatoren von der vollen Offenlegung dieser Daten ungeheuer viel lernen können. Daher könnte eine der positiven Lehren aus diesem Experiment lauten, dass alle künftigen Entwicklungen, die über Verbrauchsabgaben oder über die Besteuerung von Energieerzeugnissen finanziert werden, vollkommen transparent sein müssen.

Die Bedeutung dieser Datenquelle sollte nicht unterschätzt werden. In den meisten Ländern und selbst in den seit langem bestehenden Demokratien waren bislang Geheimhaltung und Undurchsichtigkeit die hervorstechenden Merkmale des Energiesektors. Das Experiment der Treibhausgasreduzierung hat die Industrie mehr denn je dem prüfenden Blick der Öffentlichkeit ausgesetzt und einen Kontext geschaffen, in dem die Verbraucher Druck ausüben, um mehr über Ziele und Verhalten der Energieversorger und ihrer Aufsichtsbehörden zu erfahren. Dies ist eine einmalige Gelegenheit, eine bisher abgeschottete Industrie zur Öffnung zu zwingen, was letztlich der Invention und Innovation und damit dem Interesse der Allgemeinheit zugute kommt.

Wir meinen nämlich, dass sich trotz der üblichen Klagen von Regierungen und Nicht-Regierungsorganisationen über das mangelnde Bewusstsein der Öffentlichkeit in Sachen Klimawandel eine zweite positive Lehre aus den letzten zehn Jahren ziehen lässt, und diese Lehre lautet: Die Erfahrung dieser Jahre zeigt, dass sich innerhalb kurzer Zeit und mit den richtigen institutionellen Rahmenbedingungen und Anreizen eine Debatte auf bemerkenswert hohem Niveau entwickeln kann, jedenfalls beim Thema Energie. Die Ergebnisse dieser Diskussion sind nicht vorhersehbar, aber das ist ein Risiko, das bei weitem kleiner ist als der Gewinn, den eine Beteiligung möglichst vieler Köpfe bringt. Bei dieser außergewöhnlichen Entwicklung wird die Erhebung und Offenlegung von Daten eine zentrale Rolle spielen, einmal als Material für Investoren und Innovatoren, aber auch als Teil des Prozesses, mit dem sich die Politik die breite Zustimmung der Öffentlichkeit zu den notwendigen Veränderungen und Experimenten sichern kann. Wir werden auf diesen Punkt im Zusammenhang mit unserem Verständnis einer „ambitionierten" Klimapolitik weiter unten noch einmal zu sprechen kommen. Auch sonst ist noch einiges Positive festzuhalten. Der Umbau von Systemen kann sehr schnell erfolgen, wenn die Anwender die Investition für lohnend halten. Tatsächlich gibt es gute Gründe zu meinen, dass sich die Anwendung einer Technologie, vorausgesetzt, sie ist nicht nur oberflächlich attraktiv, wirklich sehr schnell ausweiten lässt. Ein Beispiel dafür ist der Schiefergasabbau, auf den wir weiter unten noch in anderem Zusammenhang eingehen werden.

Interessant und wichtig ist auch, dass moderne Biomasse, so begrenzt ihre Nutzung letztlich sein mag, nichtsdestotrotz der derzeitige Schwergewichtler im Sektor der erneuerbaren Energien ist und ihren Weg fast unbemerkt von der Öffentlichkeit gemacht hat. Im Vereinigten Königreich zum Beispiel kamen, wie weiter oben schon bemerkt, mehr als die Hälfte aller zwischen 2002 und 2012 erzeugten „grünen" Megawattstunden Strom aus Biomasse. Das Beispiel Biomasse zeigt außerdem, dass eine CO_2-arme Technologie, die Bezahlbarkeit erreicht und das Problem der nicht steuerbaren Schwankungen bewältigt hat und damit wettbewerbsfähig geworden ist, das Wachstum auch bei anderen Technologien stimulieren könnte.

Ein dritter wichtiger positiver Trend der letzten zehn Jahre war, dass es bei Politikern und Entscheidungsträgern eine zunehmende Akzeptanz bezüglich der Notwendigkeit von Innovationen im Energiebereich gab. Zwar wird immer noch heftig darüber gestritten, was wichtiger ist, die Anwendung bestehender oder die Entwicklung neuer Technologien, doch der Gedanke, dass Innovationen im Energiebereich der Schlüssel zum Umgang mit dem Klimawandel seien, genießt weitreichende Unterstützung. Der politische Wind kann jederzeit drehen, aber zumindest derzeit scheint es in Bezug auf die Energieinnovation einen parteienübergreifenden Konsens zu geben, sodass es zu neuen und potentiell produktiven Allianzen kommt. In stark polarisierten politischen Systemen ist die Wahrscheinlichkeit, dass sich die Politiker auf Maßnahmen zur Verbesserung der Energietechnologie einigen, größer als bei anderen klimaorientierten Maßnahmen wie etwa der Festlegung von CO_2-Preisen.

Ein gutes Beispiel ist die starke, von beiden Parteien getragene Unterstützung für die *Advanced Research Projects Agency – Energy* (ARPA-E, US-Bundesbehörde zur Förderung und Finanzierung von Forschung im Bereich fortschrittlicher Klimatechnologien), ein neu eingerichteter Zweig des US-Energieministeriums. Dieser Ansatz genießt nachhaltige Unterstützung über das gesamte politische Spektrum hinweg, weil er sich eine von allen US-Politikern geteilte Vorstellung zunutze macht: die Vorstellung von den USA als dem weltweit führenden Produzenten von innovativen Technologien. Anders als das amerikanische Emissionshandelsgesetz von 2009/2010, das sich selbst nach erheblichen Zugeständnissen seiner Sponsoren und Befürworter nicht durchsetzen konnte, verkörpert ARPA-E den von allen Politikern und der Öffentlichkeit geteilten Wunsch nach einer wettbewerbsfähigen Industrie, nach nationaler Erneuerung und innovativer Grundlagenforschung.

Zugleich mit der Zunahme der politischen Unterstützung für Innovationen im Energiesektor begann man sich auch wissenschaftlich und technisch immer intensiver mit der Herausforderung der Entwicklung von CO_2-armer Energie zu befassen. Dies lag teilweise an den verbesserten Finanzierungsmöglichkeiten, etwa durch Initiativen wie ARPA-E, vor allem aber an der vermehrten Finanzierung durch große Einrichtungen der Forschungsförderung wie die *National Science Foundation* in den USA, der *Engineering and Physical Sciences Research Council* (EOSRC) im Vereinigten Königreich und entsprechende Einrichtungen in anderen Ländern. Diese Finanzierung hat eine neue Generation von energiebezogenen Forschungsprojekten eingeleitet. Sie hat außerdem Wissenschaftler und Ingenieure aus einer ganzen Reihe von Disziplinen angezogen, von Computerbiologen, die das Wachstum von Algen modellieren, über Energiesystemtechniker, die an bedarfsgesteuerten Stromnetzen arbeiten, bis hin zu einer neuen Generation von Atomforschern, die fortschrittliche, passiv sichere Atomanlagen einschließlich Schnellen Brütern und *Small Modular Reactors* (SMR, kleine Reaktoren in Modulbauweise) entwickeln.

Eine weitere positive Entwicklung im Bereich der CO_2-ärmeren Energien – und ein lehrreiches Beispiel dafür, wie innovative Technologien in großem Maßstab auf den Markt gebracht werden können – ist die Entwicklung einer Technologie zum Abbau großer Mengen Erdgas aus zuvor als unwirtschaftlich geltenden Schiefergasvorkommen, besonders in den Vereinigten Staaten.

Erdgas einschließlich Schiefergas ist als Brennstoff sauberer als Öl oder Kohle. Es kann effizienter verbrannt werden, mit signifikant reduzierten Treibhausgasemissionen pro erzeugte Kilowattstunde. Außerdem enthält es wenig Schwefel und produziert nicht die für Kohle oder Öl typischen Mengen an Ruß aus unvollständiger Verbrennung. Diese letzte Eigenschaft ist besonders wertvoll, spielt doch Ruß eine zunehmend eindeutige Rolle als lokaler Umweltschadstoff, Gesundheitsrisiko für die Menschen und als der Stoff, der durch Ablagerung auf dem Eis die Eisschmelze beschleunigt (Shindell 2012).

Die Substitution von Kohle durch Gas bei der Energieerzeugung ist relativ einfach, und der bei Gas erheblich geringere CO_2-Ausstoß (rund 40% weniger) bedeutet, dass Gas – unter der Annahme minimaler natürlicher Gasverluste zwischen Quelle und Erzeuger – das Potential für eine signifikante Nettoreduktion der Emissionen hat.

Die Regierung der Vereinigten Staaten hat in den letzten zwanzig Jahren die institutionellen und rechtlichen Voraussetzungen für eine massive Ausweitung der Erschließung und des Abbaus von Schiefergasvorkommen geschaffen: eine

Kombination aus mit Bundesmitteln finanzierter geologischer Forschung, vorhandener GPS-Navigation (selber ein Nebenprodukt von staatlichen Verteidigungsinvestitionen), Public-Private-Partnerschaften bei Demonstrationsprojekten sowie FuE-Prioritätensetzung und -Nutzung durch das *American Gas Institute* (Trembath 2012). Weitere Faktoren, die ebenfalls zur Ausweitung beitrugen, sind die gesetzlichen Regelungen für den Landbesitz (in den USA sind Rohstoffvorkommen Eigentum der jeweiligen Landbesitzer), die Steuererleichterungen für unkonventionelle Technologien und die Freibeuterei der Aufschlussbohrungen zum Nachweis der ersten großen neuen Felder. In den letzten Jahren hat der Schiefergas-Boom neue und ungeahnte Höhen erreicht und dabei die Vereinigten Staaten verändert.

Zur Verblüffung derer, die schon gewohnheitsmäßig über die Vereinigten Staaten als den „Klimawandel-Paria" herzogen, der sich weigerte, dem Kyoto-Protokoll beizutreten, waren die USA dank der Schiefergasrevolution in der Lage, ihre CO_2-Emissionen im Stromsektor zwischen 2005 und 2013 schneller zu reduzieren als alle anderen Länder der Welt. Sie liegen mit dieser Leistung weit vor der Europäischen Union, die so stolz auf ihre Führungsrolle in der globalen Klimapolitik war, aber deren aggressiv vorangetriebene „grüne" Energiepolitik im Endeffekt, wie oben bereits bemerkt, kulturell, sozial und politisch – wie auch ökonomisch – eher kontraproduktiv gewesen sein dürfte: Auf die dogmatisch und kompromisslos vorgetragene These folgte – gut hegelianisch und vorhersehbarerweise – die entsprechende Antithese. Auch waren die direkt finanziellen und die Opportunitätskosten der Verfolgung dieser Optionen alles andere als vernachlässigbar. Und auch der Entmutigungseffekt, den ein ökonomisch nicht zwingendes Beispiel für die Entwicklungsländer hatte, sollte nicht zu gering veranschlagt werden.

Zudem kam es in den USA zu einer im Vergleich zu anderen Weltregionen einschließlich Chinas zu erheblichen Kostensenkung bei der Energie für industrielle Zwecke. Ein anfängliches Überangebot wird mittlerweile durch den Markt korrigiert; aber zu einem bestimmten Zeitpunkt im Jahre 2012 wurde Gas in den USA zu $ 2 pro mmbtu (Millionen *British Thermal Units*, BTU) gehandelt und in Europa zu $ 14 mmbtu – eine durch die Schwierigkeit und die Kosten des Erdgastransports nach Europa bis zum äußersten getriebene Spanne (US Energy Information Administration 2012b). Daraufhin begannen einige energieintensivere Industrien, ihre Produktion in die USA zurück zu verlagern, und ihrem Kielwasser kamen Arbeitsplätze im Fertigungsbereich. Vorreiter war die Chemieindustrie, die zur Wiederbelebung von wirtschaftlich angeschlagenen Bundesstaaten wie Ohio beitrug (The Economist 2013b). Angesichts des riesigen Marktanteils der Kohle in der weltweiten Stromerzeugung – insbesondere in den großen Schwellenländern, wo die Zunahme des Energiebedarfs am größten sein dürfte – hatte die zunehmende Substitution von Kohle durch Gas den weiteren

Vorteil, dass sich die globalen CO_2-Emissionen erheblich verringerten. Dennoch sollte das Schiefergas nicht als *der* Brennstoff der Zukunft betrachtet werden: als die Endstation unserer globalen Energiewende. Es kann bestenfalls eine Brückenfunktion haben, indem es den Reichtum erzeugt und die öffentliche Zustimmung herbeiführt, mit denen es möglich sein wird, noch CO_2-ärmeren Strom zu erzeugen.

Zusätzlich zur Verbesserung des CO_2-Emissionsprofils der Vereinigten Staaten und zur Stärkung ihrer Wirtschaft hat die Entwicklung und Verbesserung der Technologie für den Schiefergasabbau noch einen weiteren Vorteil: Sie liefert Erkenntnisse, wie sich ähnlich rasche Fortschritte auch in anderen Bereichen anregen ließen. In den 1980er Jahren, als in der Privatwirtschaft wenig Forschung und Entwicklung betrieben wurde und die Risiken für die Industrie hoch waren, wurde in den Vereinigten Staaten die Investitionslücke – das „finstere Tal" der Investitionen – mit Hilfe des staatlich geförderten *Eastern Gas Shales Project*, des staatlich koordinierten *Gas Research Institute* und der auf Bundesebene gewährten steuerlichen Anreize der 1980er und 1990er Jahre überbrückt und das Interesse und die Investitionsbereitschaft der Privatwirtschaft nachhaltig stimuliert. Das auf diese Weise geschaffene stabile politische Umfeld stärkte das Vertrauen der Innovatoren so weit, dass sie auch ihrerseits bereit waren, Anstrengung und Ressourcen zu investieren, und sorgte für die entscheidenden Investitionen im Frühstadium, die der Markt von sich aus vermutlich nicht hergegeben hätte (Trembath 2012).

Der ökonomische Ertrag dieser Anstrengungen war enorm. Die Staatsausgaben, die jahrzehntelang in die Schiefergasentwicklung geflossen waren, haben sich – in Form von mehr inländischer Energieerzeugung, geringeren Energiekosten, Konjunkturaufschwung und zusätzlichen Steuereinnahmen – selbst bei großzügigster Einschätzung um ein Vielfaches ausgezahlt. Schätzungen der jahrzehntelangen Schiefergasinvestitionen belaufen sich auf insgesamt über $ 10 Milliarden, eingeschlossen $ 473 Millionen FuE-Förderung, aber die direkten Gewinne, die Verbraucher in den USA aus der Schiefergasrevolution ziehen, werden mit über $ 100 Milliarden pro Jahr veranschlagt (National Energy Technology Laboratory 2007; LaFeher 1993; Ames et al. 2012). Und dabei sind die erheblichen makroökonomischen Auswirkungen von kostengünstiger Energie und neuen Arbeitsplätzen oder die geopolitische Dividende, die sich ergibt, wenn ein größerer Anteil der Energie im Land selbst erzeugt wird, noch nicht einmal eingerechnet.

2.3 Was waren die größten Fehlschläge der zehn Jahre von 2003 bis 2013?

Die größte Schwachstelle der aktuellen politischen Mechanismen, das haben die Erfahrungen der letzten zehn Jahre gezeigt, ist die Tatsache, dass Entscheidungen über bestimmte Technologien von bürokratischen Präferenzen statt von wirklichkeitsnahen Erfahrungen bestimmt waren. Soweit technologische Initiativen mit dem Geld von Steuerzahlern oder Verbrauchern finanziert werden, sollte dieses Geld nicht verwendet werden, um einzelne Unternehmen oder Technologien zu fördern, sondern um zentrale technologische Plattformen zu unterstützen, etwa Testfelder, die auf keine bestimmte Technologie festgelegt sind, Grundlagenforschung und grundlegende FuE-Aktivitäten, Demonstrationsprojekte und wettbewerbsfähige, innovationsorientierte Anwendungssysteme (Jenkins et al. 2012; Eurelectric 2013).

Allgemeiner formuliert, ist es eine der wichtigsten Lehren, die sich aus den Experimenten der letzten zehn Jahre ziehen lassen, dass die Nichtbeachtung der ökonomischen Interessen der Verbraucher, ob in Industrie, Handel oder Haushalt, die internationale Klimapolitik insofern geschwächt hat, als sie das Misstrauen und den Widerstand dieser Verbraucher verstärkte. Im Vereinigten Königreich zum Beispiel gibt die Regierung jetzt zu, dass sich im Jahre 2020 die direkten Kosten ihrer Klimapolitik für die Verbraucher auf etwa £ 7,6 Milliarden jährlich belaufen werden (Government of the United Kingdom 2012), und die Details dieser Kosten sorgen inzwischen regelmäßig für Schlagzeilen in den Massenblättern (siehe z.B. McDermott 2013; Mendick & Malnick 2013). Damit riskiert man nicht nur aktuell einen Einbruch des Vertrauens der Öffentlichkeit, sondern potentiell den Verlust jedes Vertrauens in alle möglichen klimapolitischen Vorhaben. Eine Politik, die Rücksicht auf die ökonomischen Empfindlichkeiten der sie unterstützenden Bevölkerung nimmt, dürfte sehr viel eher in der Lage sein, Innovationen zu ermöglichen, die global von Bestand und attraktiv sind (eine Ausweitung der schlichten Wahrheit von Pielkes „Ehernem Gesetz"). Dies hat grundlegende Folgen für die Gestaltung der nationalen wie der internationalen Politik, und diesen Herausforderungen wollen wir uns nun zuwenden.

3   Hartwell-Optionen für Maßnahmen auf nationaler Ebene

3.1   Innovationen im Energiebereich durch intelligentere Investitionen stimulieren

Technologien mögen mit der Manipulation von unbelebten Materialien und Naturkräften zu tun haben, aber sie sind vor allem menschliche Systeme. Die Technikgeschichte zeigt, dass die Entwicklung von Technologien ein Prozess ist, der sich durch Angebots-„Push" und Nachfrage-„Pull" zugleich auszeichnet. Der einsame Erfinder ist gewöhnlich eine Fiktion, aber auch er oder sie – oder, was wahrscheinlicher ist, Teams von Inventoren und Innovatoren – produzieren ein Artefakt, das durch Entwicklung und Gebrauch verändert und in einen Kontext mit neuen Infrastrukturen und Regeln eingebracht wird. Diese Prozesse stimulieren ihrerseits weitere Innovationen in den ihnen zugrunde liegenden Systemen und Artefakten und bilden das, was Rip und Kemp (1998) ein „sozio-technisches" System nennen.

Erfolgreiche Innovationspolitik muss sich darauf einstellen können. Sie muss einerseits Institutionen und Anreize schaffen, die organische „Bottom-up"-Innovationen fördern, und andererseits „Top-down"-Organisationsprinzipien liefern, die dafür sorgen, dass Ergänzungen ideeller und materieller Art integriert werden können. Sie sollte die Eckpunkte für Ambitionen, Finanzierung und die Verteilung von Risiken und Erträgen festlegen.

Innovationen in der Energieversorgung setzen voraus, dass das Verhältnis zwischen inventionsorientierter und problemorientierter Forschung, Demonstrationsprojekten, Prototypanwendungen, menschlichem Verhalten und gesellschaftlicher Entwicklung stimmt. Angesichts der großen Vielfalt der beteiligten Disziplinen ist es unwahrscheinlich, dass das notwendige „Ökosystem" zufällig zustande kommt.

Entgegen einer weit verbreiteten und auch von den meisten Politikern geteilten Annahme ist die Technologie kein Sachzwang, dem sich alles andere unterzuordnen hätte. Billigt man ihr eine solche Macht zu, ist die Wahrscheinlichkeit groß, wie wir gesehen haben, dass die Ergebnisse anders ausfallen als beabsichtigt, und oft eher unerfreulich. Nur wenn sich die ganze Fülle der unterschiedlichen Faktoren in einer Art kontrapunktischem Gleichgewicht befindet, wird eine wirklich sich selbst tragende Technologie herauskommen.

Auch die Eigenheiten einzelner Sektoren sind einzukalkulieren: Was in der Informations- und Kommunikationstechnologie funktioniert, lässt sich nicht unbedingt auf die Nanotechnologie übertragen, und so weiter. Gleiches gilt für den jeweiligen nationalen und lokalen Kontext: Geografie, Infrastruktur, Qualifikation der Arbeitskräfte, Risikokapital, Industriepolitik, Marktkräfte, politische Institutionen, kulturelle Normen und traditioneller Sachverstand, all das muss von einer Politik, die wirklich erfolgreich sein und gesellschaftliche Legitimität erlangen will, berücksichtigt werden. Daher ist es ermutigend, dass sich die auf technische Innovation ausgerichtete Forschung zunehmend auf nationale Innovationssysteme konzentriert und die wechselseitige Abhängigkeit dieser Faktoren betont (Freeman & Louca 2001). Nur national souveräne Akteure sind stark genug für entscheidende Eingriffe: Die in Teil 3 geschilderte Geschichte des Schiefergases führt das nachdrücklich vor Augen.

Das übergreifende Ziel einer nationalen Innovationspolitik muss sein, die Bedingungen zu schaffen, unter denen privatwirtschaftliche und staatliche Organisationen auf die beschriebene Weise aktiv werden können, und zwar grundsätzlich „upstream". Für eine Ausweitung solcher Bedingungen müssen innovationsorientierte Ausgaben gezielter eingesetzt werden. Angesichts der jüngsten Negativerfahrungen mit der subventionsgestützten Anwendung verschiedener Technologien im Bereich erneuerbare Energien sollte eine nationale Innovationspolitik eher auf eine Senkung der künftigen Kosten von vielversprechenden Technologien abzielen als auf die großmaßstäbliche Anwendung teurer, noch nicht ausgereifter Technologien. Uns ist jedoch klar, dass die Anwendung ein notwendiger Bestandteil des technologischen Reifungsprozesses ist. Daher befürworten wir eine Strategie, die eher auf die möglichst rasche Verbesserung einer Technologie ausgerichtet ist als auf eine möglichst frühe und möglichst breite Anwendung. Das heißt, dass bei noch nicht ausgereiften und sich rasch verändernden Technologien die Anwendung als ein Mittel zur Kostensenkung und Leistungssteigerung angestrebt wird und nicht bloß als ein Ziel an sich.

Eine weitere Herausforderung besteht in der Zeit- und Ablaufplanung von Innovations- wie Anwendungsmaßnahmen. Auf der einen Seite besteht bei einem Hinauszögern der Anwendung die Möglichkeit, dass relevante Technologien eher bezahlbar werden und damit auch die Kosten pro Einheit des mit CO_2-armen Technologien erzeugten Stroms – und also die Kosten der Emissionsreduktion – sinken. Dies ist bei erneuerbaren Energien der Fall: die Kosten pro Einheit der mit Gaskraftwerken mit CO_2-Abscheidung und -Speicherung (CSS), modernen Bio-Brennstoffen, Offshore-Windparks und Solarzellen erzeugten Energie werden aller Voraussicht nach deutlich sinken. Auf der anderen Seite bedeutet die derzeitige Wirtschaftskrise, dass Kapazitäten brach liegen, nicht zuletzt auf dem Arbeitsmarkt, und dass die Zinssätze auf einem historischen Tiefstand sind. Der Schluss liegt nahe, dass gerade jetzt „No-Regrets"-

Investitionen wie die energieeffiziente Nachrüstung bestehender Gebäude und die Modernisierung von Übertragungs- und Verteilungsnetzen vorangetrieben werden sollten (Copenhagen Economics 2012). Derartige Investitionen regen die Wirtschaftstätigkeit an, führen aber zu keiner langfristigen Festlegung auf kostspielige, suboptimale Technologien.

Besonders wichtig sind Demonstrationsvorhaben, denn die Demonstrationsphase stellt derzeit einen Engpass dar: ein retardierendes Moment im Prozess der Vermarktung neuer, CO_2-armer Energietechnologien. Während der Demonstrationsphase können CO_2-arme Technologien auf ihre „Skalierbarkeit" getestet werden, und zwar nicht in erster Linie, um Umweltziele zu erreichen, sondern als ein Mittel, um Produktions- und Managementkosten zu senken und so die Technologien dem Ziel der Wettbewerbsfähigkeit auf dem Markt und, noch weiter gedacht, der spontanen Marktakzeptanz näher zu bringen.

Erst wenn die Technologien diese Phase durchlaufen haben, sollte ihre großmaßstäbliche Anwendung weiter verfolgt werden. Einmal eingeleitete Anwendungen in dieser Größenordnung sollten weitgehend mit allgemeinen, marktbasierten, auf externe Effekte oder Ressourcenknappheit ausgerichteten Instrumenten vorangetrieben werden statt mit einer Politik der technologiespezifischen Anreize für die möglichst breite Anwendung einer favorisierten Technologie.

Dieser Handlungsablauf wird hier linear dargestellt, aber klar ist auch, dass sich Technologien und Informationen und Lerneffekte während eines solchen Prozesses nicht linear entwickeln. Es muss effektive Innovationsnetzwerke geben, die für die Integration und Einbettung all dieser Maßnahmen und Stadien in jeweils nationale Innovationssysteme sorgen.

3.2 Die Beschränkungen der Institutionen überwinden und dafür sorgen, dass Anreize die gewünschte Wirkung entfalten

Anreize zur Entkarbonisierung können von Behörden, staatlichen Institutionen und der Zivilgesellschaft ausgehen, denn eine CO_2-arme Wirtschaft ist letztlich ein Allgemeingut, das ohne staatliche Beteiligung kaum zustande kommen dürfte. Die Frage ist nicht ob, sondern wie sich der Staat an der Bereitstellung dieses Gemeinguts beteiligen sollte. Auf welcher Stufe und mit welchen Instrumenten sollte eine staatliche Politik operieren, sodass sie hilft statt hemmt? Es gibt inzwischen eine Menge Erfahrungen mit dem Einsatz bestimmter Arten von Anreizen, allerdings mit gemischten Ergebnissen. Wir wollen uns die vorhandenen Hebel ansehen und unsere Fantasie spielen lassen, um Strategien zur Förderung von erfolgversprechenden Innovationen zu entwickeln.

Zur Zeit gibt es für die meisten privatwirtschaftlichen Firmen wenig Anreize, sich auf die Suche nach Innovationen für eine sauberere oder billigere Energie einzulassen, es sei denn, sie erhalten eine gewisse Ertragsgarantie auf Märkten, die sonst zu riskant wären. Aber entfällt das Risiko ganz, taucht sofort das Problem des *Rent-Seeking*-Verhaltens auf (wie in Teil 2.1) dargestellt). Subventionen können leicht unbeabsichtigte und marktverzerrende Folgen haben und sollten daher sparsam und mit Vorsicht eingesetzt werden. Wo sie aber eingesetzt werden, sollten sie so strukturiert sein, dass sie Innovationen fördern und fordern und das *Rent-Seeking*-Verhalten minimieren (siehe hierzu Jenkins et al. 2012). Auch andere Anreize, etwa Finanzierung für Demonstrationsprojekte, zinsgünstige Kredite, Kaufgarantien und die Verteilung von Risiken und Erträgen sollten alle in Betracht gezogen und, wo sinnvoll, eingesetzt werden. Einer der wichtigsten Investitionsanreize überhaupt ist im Übrigen eine konsequente staatliche Politik und Regulierung.

Einige Eckpunkte und Best-Practice-Beispiele gibt es bereits. Anreize und Subventionen für fossile Brennstoffe sollten abgeschafft werden. Die Steigerung der Energieeffizienz sollte   durch Anreize vorangetrieben werden, besonders dort, wo dies mit „negativen Kosten" geschehen kann, und zwar nicht, weil dies zu einer Eins-zu-eins-Reduktion der Emissionen führt, was ganz allgemein nicht geschehen wird (siehe oben Jevons' Paradoxon), sondern weil es ökonomisch sinnvoll ist. Wird dies einvernehmlich und mit eindeutigem Nebennutzen umgesetzt, kann es auch in der Bevölkerung populär werden.

Das lässt sich von einem globalen CO_2-Einheitspreis eher nicht sagen. Er wurde zum Teil als Alternative zu den globalen CO_2-Handelssystemen empfohlen, mit denen international bislang überwiegend experimentiert wurde – und die im Großen und Ganzen versagt haben (Helm 2012). Eine allgemeine CO_2-Steuer könnte weniger kompliziert sein, doch eine einvernehmliche und erfolgreiche Umsetzung einer solchen Steuer ist genauso abwegig wie die Umsetzung eines allgemein gültigen Handelssystems oder eben auch eines globalen Klimaabkommens. Nationale CO_2-Steuern wären schon eher überzeugend: Sind sie niedrig und zweckgebunden, wie im Hartwell-Papier 2010 empfohlen, könnten sie sich als nützliche Möglichkeit zur Beschaffung der Mittel für Invention und Innovation im Bereich saubere Energien erweisen.

Auch für die Verbesserung der technischen und der Umweltleistung und für die Senkung der Kosten bestehender fossiler Energiequellen sollten, wie im vorigen Teil diskutiert, Anreize geboten werden. Wo CO_2-reiche Energie gebraucht wird und kurzfristig die einzig realistische Option ist (zum Beispiel in armen Ländern, die an der Erweiterung ihrer Energieversorgung arbeiten, aber keine anderen Optionen für eine flächendeckende Grundlasterzeugung haben), sollten die von der Politik gebotenen Anreize an die Anwendung von Technologien gebunden sein, die auf dem neuesten Stand der Technik sind, zum Beispiel Wirbelschichtverbrennung, ultra-überkritische kohlebefeuerte Kraftwerke oder Substitution von Kohle durch Gas. Substitution durch Gas zum Beispiel wird in

Südafrika oder Brasilien bald rentabel sein. Diese Entwicklungen können Brücken zu sonst unerreichbaren Zielen schlagen. Sich im Namen einer unterschiedslosen Verdammung aller fossilen Brennstoffe die Nutzung solcher Brücken zu verbieten, ist unserer Ansicht nach kurzsichtig und kontraproduktiv.

Lokal und regional sollte es unterschiedliche Anreize für unterschiedliche Kontexte geben. Entscheidend ist in allen Fällen die öffentliche Unterstützung, und diese ist nur zu erlangen, wenn die Klimapolitik für die Kommunen attraktiv ist. Kompensationszahlungen könnten eine pragmatische Lösung in solchen Debatten sein, wie auch Arrangements bei den Eigentumsrechten, die den vor Ort Betroffenen, die sich sonst den Projekten widersetzen würden, größere finanzielle und soziale Anreize bieten. Zum Beispiel gibt es in Großbritannien eine starke Opposition gegen Windparks, in Deutschland dagegen fast gar nicht. Während britische Windparks großen Energieunternehmen gehören und für die Anlieger erhebliche Umweltkosten, aber keinen Gewinn bringen, gibt es in Deutschland eine lange Tradition des gemeinschaftlichen Eigentums in Form von Genossenschaften, über die Reichtum an die von einer Entwicklung direkt Betroffenen zurückgegeben wird. Nicht alle Interessenkonflikte werden sich über solche lokalen Arrangements lösen lassen, und außerdem können sie für lokale Eigentümer mit Investitionsrisiken verbunden sein, die angesichts ihrer besonderen Umstände unzumutbar sind. Dennoch ist die lokale Beteiligung ein zentrales Prinzip, das mehr verdient als die Lippenbekenntnisse, mit denen es derzeit von Regierungsseite bedacht wird. Die Rolle des Bergrechts in der US-Schiefergasrevolution ist hier ein aufschlussreiches Beispiel.

3.3 National angepasste Innovationsmaßnahmen vorantreiben

Jeder Nationalstaat setzt seine eigenen nationalen Prioritäten. Im ressourcenarmen Japan, das für seine Energieversorgung auf die Einfuhr von fossilen Brennstoffen angewiesen ist, hat der Aufbau einer zuverlässigen Versorgung mit nicht-importierter Energie für die Politiker oberste Priorität. Dies ist der Grund für Japans energiepolitische Zielsetzung von 2010, die eine zu 50% auf Atomstrom basierende Energieversorgung vorsah. Dies ist auch der Grund, warum Japan als Reaktion auf den Tsunami-Schaden in der Atomanlage von Fukushima und die daraufhin ins Wanken geratene öffentliche Unterstützung für die Atomenergie begann, die mittel- bis langfristige Entwicklung von unterseeischen Methanhydraten zu erkunden, die Führungsstrukturen seines Nuklearsektors energisch zu reformieren und endlich die Verbundleistung zwischen den östlichen und den westlichen Abschnitten des japanischen Stromnetzes von 1 auf 2-3 GW zu steigern.

Individuelle Umstände und unterschiedliche – umweltbezogene, soziale, politische – Voraussetzungen bedeuten, dass sich einzelne Länder für unterschiedliche Technologiebereiche entscheiden. In China, das über reichhaltige inländische Kohlevorkommen verfügt, aber mittlerweile aufgrund der Feinstaubemissionen von Kohlekraftwerken gravierende Probleme mit der Luftverschmutzung hat, kann die saubere Nutzung von einheimischer Kohle höhere Priorität haben als die Energiesicherheit. In Schweden, wo die Versorgung gesichert und dank einer großen Zahl von bestehenden Atom- und Wasserkraftwerken relativ sauber ist, können Kostensenkungen und der Aufbau eines Exportmarktes höhere Priorität haben als in energiearmen Nationen in anderen Weltgegenden.

Der eigentliche Punkt bei all diesen Beispielen ist, dass in jeder Nation die Agenda der technologischen Innovationen primär von ihren wahrgenommenen nationalen Prioritäten und nicht unbedingt von internationalen politischen Zielsetzungen wie der Reduktion der Treibhausgasemissionen bestimmt wird. In welchem Maße die Reduktion der Treibhausgasemissionen in jedem einzelnen Land als vorrangiges Problem betrachtet wird, wird hauptsächlich davon abhängen, wie weit sich dieses Ziel mit anderen, dringlicheren Problemen dieses Landes zur Deckung bringen lässt.

Auch ist dies durchaus keine unerfreuliche politische Tatsache. Wir können heute sehen, dass ein erheblicher Teil der Reduktion des Treibhausgasausstoßes tatsächlich die Folge einer Politik war, bei der es primär um andere Ziele mit höherer Priorität ging, etwa die Schaffung von Arbeitsplätzen, Energiesicherheit, industrielle Entwicklung, soziale Ziele oder Wettbewerbsvorteile auf dem Inlandsmarkt. Das ist insofern eine positive Dynamik, als sie zusätzliche politische Möglichkeiten zur wirksamen Reduktion der globalen, von Menschen verursachten Umweltbelastung eröffnet.

Solche Möglichkeiten waren in den letzten Jahren rar, und dies war der Grund für das Hartwell-Papier 2010, zu einer „indirekten" Herangehensweise an den Klimawandel aufzurufen und solche Maßnahmen in den Vordergrund zu stellen, die primär anders motiviert sein mochten, aber den Nebengewinn einer Reduktion der von Menschen verursachten Umweltbelastung hatten. Japans Suche nach unkonventionellen Gasfördertechnologien und China Bemühungen um sauberere Kohletechnologien – politische Ansätze, die nicht primär durch Probleme des Klimawandels motiviert waren – sind in dieser Hinsicht lehrreich. Mit einer solchen Politik können die betreffender Länder nicht nur nationale Prioritäten angehen und dadurch demokratische Legitimität und die Unterstützung der Politiker gewinnen, sondern durch verbesserte Technologien, die die „Worst Practice"-Nutzung der Kohle und ihre negativen Folgen begrenzen, auch zu positiven Ergebnissen beim Klimaschutz gelangen.

Die Entdeckung, dass innenpolitische Maßnahmen für eine allgemeine Reduktion des Gewichts des menschlichen Fußabdrucks nutzbar gemacht werden können, läuft auf eine Strategie hinaus, die in erster Linie lokale und nationale Lösungen anstrebt, sie aber so optimiert, dass sie die größtmögliche globale Wirkung entfalten.

Die zugleich lokale und globale Natur der Innovationen, die erforderlich sind, um dem Klimawandel zu begegnen, findet ihren Niederschlag in der vermehrten Entwicklung von *„Nationally Appropriate Innovation Actions"* (NAIAs, National angepasste Innovationsmaßnahmen) als einer wichtigen Durchgangsstufe zu künftigen, auch von globalen Akteuren getragenen Aktivitäten. Teil solcher Programme wären so unterschiedliche Bestrebungen wie „Luz para todos" („Licht für alle"), das brasilianische Programm zur Elektrifizierung seiner ländlichen Regionen, die chinesischen Bemühungen um die Entwicklung von Elektroautos und die US-amerikanischen, über die ARPA-E vermittelten Investitionen zu Förderung der Hightech-Energieinnovation. Sie alle nutzen lokale Ressourcen für lokale Prioritäten, haben aber positive globale Nebeneffekte.

Der vielleicht vielversprechendste Aspekt des NAIA-Ansatzes ist, dass er mit der internationalen Klimadiplomatie unter den Auspizien der Klimarahmenkonvention der Vereinten Nationen (UNFCCC) vereinbar ist. Dieser diplomatische Prozess war gut gemeint, blieb aber über Jahre hinweg mehr oder weniger ergebnislos, mit wenig Aussicht auf Besserung. Doch angesichts der Menge des politisches Kapitals, das in den Aufbau des ganzen Prozesses investiert wurde, und angesichts seiner institutionellen Schwerfälligkeit werden wir wohl zumindest mittelfristig noch eine Weile mit ihm leben müssen. Deshalb sollten wir die Chance nutzen, uns die guten Absichten, die in ihm stecken, zunutze zu machen, um ihm durch Verfahrensreformen eine andere Richtung zu geben und ihn mit neuen Ideen aufzufrischen.

NAIAs harmonieren besonders gut mit dem aufkommenden Diskurs über *Nationally Appropriate Mitigation Actions* (NAMAs, National angepasste Mitigationsmaßnahmen), der von der geopolitischen Mehrheit der UNFCCC-Teilnehmer bevorzugten neuen Stoßrichtung, die seit der UN-Klimakonferenz in Durban immer häufiger an die Stelle der globalen Verträge nach dem Modell des Kyoto-Protokolls tritt. In einem globalen, auf NAMAs basierenden Politikmodell werden NAIAs das Mittel sein, mit dem einzelne Länder ihre national eingegangenen Verpflichtungen umsetzen. Sie werden das zentrale Thema eines künftigen erfolgreichen internationalen Diskurses sein, denn sie sind nicht nur politisch erwünscht, sondern tragen auch zu Erfolgen sowohl bei der Reduktion der Treibhausgasemissionen als auch bei der Anpassung an den Klimawandel bei.

Wie dies im einzelnen geschehen könnte, soll im nächsten Teil diskutiert werden.

4 Hartwell-Optionen für Maßnahmen auf internationaler Ebene

4.1 Die positiven Lehren aus dem Scheitern des Kyoto-Protokolls verstehen und umsetzen

Das Kyoto-Protokoll, hybrider Nachkomme eines Atomwaffenkontrollabkommens und des *US Sulphur Trading Regime* (US-amerikanisches Kontrollsystem für den Handel mit Schwefelemissionen), mit Zusatzklauseln aus dem *Montreal Protocol on CFCs* (Montreal-Protokoll über Stoffe, die zum Abbau der Ozonschicht führen), war an die Natur des „tückischen" Problems, das es lösen sollte, immer schon schlecht angepasst.[8] Sein Scheitern war eine Folge dieses grundsätzlichen strukturellen Missverhältnisses, hatte aber darüber hinaus noch drei weitere, in der diplomatischen Praxis liegende Gründe.

Erstens, das „Top-down"-Verfahren nahm nicht genügend Rücksicht auf die jeweils einmalige Situation in den einzelnen Ländern, besonders nicht auf ihre unterschiedliche Möglichkeit und Bereitschaft, für eine CO_2-arme Energieversorgung mehr zu bezahlen als für Energie aus fossilen Brennstoffen.

Zweitens, in den fünfzehn Jahren zwischen der Vereinbarung des Protokolls 1997 und dem geplanten Beginn seiner zweiten Verpflichtungsperiode 2012 kam es zu einer dramatischen Verschiebung der ökonomischen Kräfteverhältnisse zwischen Industrieländern und Entwicklungsländern.

Und schließlich waren die vom Protokoll vorgegebenen Emissionsreduktionen unrealistisch, solange es keine CO_2-armen Technologien gab, mit denen sich diese Richtwerte zu Kosten erreichen ließen, die von den führenden Politikern ebenso wie von ihren Wählern für bezahlbar gehalten wurden.

All diese Faktoren zusammen führten zu der unter Politikern weit verbreiteten Vorstellung, die Einhaltung des Kyoto-Protokolls werde die ökonomische Wettbewerbsfähigkeit ihrer Länder gefährden und ihren Reichtum vernichten, und die Größe des Schadens stehe in keinem Verhältnis zu den realen Effekten, die das Protokoll auf die globalen CO_2-Emissionen haben könnte. Womit sie

---

8   Zur genauen Analyse der Diskrepanz zwischen dem Kyoto-Protokoll und dem Problem des Klimawandels, siehe Prins & Rayner (2007a) und Prins und Rayner (2007b). Diese Arbeit gab den Anstoß zur ersten Phase der Hartwell-Initiative; zur dortigen Weiterentwicklung dieser Analyse, siehe Caine & Rayner (2014).

nicht Unrecht hatten. Nach der Wirtschaftskrise von 2007/2008 kamen viele Länder zu dem Schluss, dass sie sich die – realen oder vermuteten – Folgen des Kyoto-Protokolls für ihre Wettbewerbsfähigkeit politisch oder ökonomisch nicht mehr leisten konnten. Schwellenländer wie China und Indien stellten sich auf den Standpunkt, dass sich die vom Protokoll vorgesehenen Verpflichtungen negativ auf ihre wirtschaftliche Entwicklung auswirken würden, während Staaten der Ersten Welt, allen voran die Vereinigten Staaten, meinten, ein mangelndes Engagement dieser Länder wäre unfair und untergrübe die Wirksamkeit der Vereinbarung.

In den Unterzeichnerländern schwanden angesichts der Kosten, die die Einhaltung der Ziele mit den verfügbaren CO_2-armen Technologien verursachen würde, der Eifer und der politische Rückhalt; hinzu kam die Vorstellung, dass sie mit solchen Kosten gegenüber den Nicht-Unterzeichnerstaaten nicht mehr wettbewerbsfähig wären. So kam es zu einem diplomatischen Patt, zur Schwächung des institutionellen Impulses innerhalb der Unterzeichnerstaaten und zur Ablehnung der zweiten Verpflichtungsperiode durch mehrere wichtige Länder mit hohem CO_2-Ausstoß, darunter Japan, Kanada und Russland.

Welche Lehren lassen sich daraus für eine bescheidener angelegte, aber vielleicht erfolgreichere Reform des diplomatischen Prozesses der Klimarahmenkonvention ziehen? Wir sehen sieben.

Erstens, der internationale Prozess sollte mit einem „Bottom-up"-Verfahren arbeiten, um dem Ziel einer Verringerung der globalen CO_2-Intensität durch Reduktion der CO_2-Intensitäten aller Industrien, Sektoren und Länder näher zu kommen. Alle Industrien müssten angeben, mit welchen Technologien sie diese Reduktionen der CO_2-Intensität erreichen wollen, und sie dann gemeinsam in lokal angemessenen Formen anwenden. Zielgrößen für die CO_2-Intensität für jede Industrie und jeden Sektor könnten auf Basis ihrer derzeitigen CO_2-Intensität, ihres Potentials zur Anwendung vorhandener, im Handel verfügbarer Technologien und ihres derzeitigen wie des von ihnen geplanten Tempos der technologischen Verbesserung berechnet werden. Auf Basis der Gesamtheit der Zielvorgaben aller Industrien und Sektoren könnten dann die einzelnen Länder selber ihre „Bottom-up"-Zielvorgaben festlegen. Die Realität von Hoheitsrechten muss anerkannt werden und könnte der Schlüssel zum Erfolg sein. Wenn die Festlegung der jeweils eigenen Zielvorgaben in Zusammenarbeit mit Konkurrenzunternehmen aus allen Industrien, Sektoren und Ländern erfolgt, ist die Wahrscheinlichkeit größer, dass sie auch erreicht werden.

Zweitens, der internationale Prozess sollte die „Top-down"-Zielvorgaben aufgeben und stattdessen ein breiteres Spektrum von Indikatoren zur Messung von Fortschritten zugrunde legen, etwa sektorenspezifische Zielvorgaben für Entkarbonisierung, FuE-Ausgaben und CO_2-Intensität. Eine pragmatische Herangehensweise, bei der die jeweiligen Hoheitsrechte gewahrt bleiben, ist im

Bereich der Emissionen bereits recht erfolgreich getestet worden. 2007 einigten sich die führenden Mitgliedstaaten der *Asia-Pacific Economic Corporation* (APEC, Asiatisch-pazifische Wirtschaftsgemeinschaft) auf die Zielvorgabe einer 25-prozentigen Verbesserung der Energieintensität bis 2030. Beim Treffen in Honolulu vier Jahre später, und als Reaktion auf veränderte technologische und ökonomische Kontexte und Voraussetzungen, einigten sie sich darauf, diese Vorgabe auf 45% bis 2035 zu erhöhen (APEC 2011).

Drittens, das Rahmenabkommen muss so strukturiert sein, dass es auf transparente Weise zu ausreichenden Verbesserungen der CO_2-Intensität führt, und es sollte institutionalisierte Standards für Messung, Meldung und Kontrolle (*Measurement, Reporting and Verification*, MRV) sowie Peer-Review-Verfahren enthalten – jedoch nicht unbedingt in rechtsverbindlicher Form. Ergebnisse sind wichtiger als Modalitäten. Frühere Verhandlungen zur Klimarahmenkonvention zeigen, dass das Bestehen auf „rechtsverbindlichen" Verpflichtungen um ihrer selbst willen nicht produktiv ist. Die USA und China sind zusammen für über die Hälfte der weltweiten CO_2-Emissionen verantwortlich, und keiner von beiden dürfte bereit sein, irgendeine rechtsverbindliche Vereinbarung zu akzeptieren.

Auch hier wieder ist das Beispiel der APEC lehrreich. Die Verpflichtungen zur Energieintensität, die die APEC-Länder eingegangen sind, sind nicht rechtsverbindlich, obwohl ihnen solide Peer-Review-Verfahren zugrunde liegen. Erreicht ein Land seine Klimaziele nicht, drohen ihm mit dem Peer-Review-Verfahren keine Strafen. Andernfalls hätten einige der wichtigsten Teilnehmer vermutlich nicht mitgemacht. Stattdessen erhalten Länder, die ihre Klimaziele nicht erreichen, detaillierte, auf Best-Practice-Beispielen anderer Teilnehmerländer basierende Empfehlungen.

Viertens, an einer künftigen Rahmenkonvention sollte eine erweiterte Gruppe von Akteuren aller Größenordnungen und aller Typen beteiligt sein: global, regional, multilateral, bilateral und sektoral. Während die UNO weiterhin in Bereichen wie Rechtsetzung oder Management von Peer-Review-Verfahren eine Rolle spielen sollte, hätten andere Akteure eine eher exekutive Funktion. Weitere Beteiligte sollten sein: regionale Prozesse wie die *East Asian Low Carbon Growth Partnership* (Ostasiatische Partnerschaft für CO_2-armes Wachstum) und die Initiativen des Ostasien-Gipfels und der APEC zur Verbesserung der Energieeffizienz; sektorale Prozesse wie APP (*Asia-Pacific Partnership*, Asiatisch-pazifische Partnerschaft) oder GSEP (*Global Superior Energy Performance Partnership*, Partnerschaft zur Steigerung der weltweiten Energieeffizienz); Initiativen von internationalen Industrieverbänden zur Senkung der CO_2-Intensität wie etwa in der Stahl-, Zement-, Chemie- und Aluminiumbranche, oder bilaterale Kreditmechanismen wie in Japan (siehe weiter unten); aber auch – unter der Annahme, dass die chinesisch-amerikanischen Beziehungen im Ganzen so offen bleiben, dass sie eine Diplomatie dieses Typs erlauben (was nicht

gesagt ist) – chinesisch-amerikanische Vereinbarungen über gemeinsame For-
schungs-, Entwicklungs- und Demonstrationsprojekte oder die gemeinsamen
Versuche beider Länder, Fluorkohlenwasserstoffe stufenweise aus dem Verkehr
zu ziehen. Sich auf eine solche „Fragmentierung" einzulassen, wäre ein positiver
Schritt auf dem Weg zu einem von Pragmatismus bestimmten diplomatischen
Prozess, und also zu konkreten Ergebnissen.

Fünftens, die Möglichkeit, dass die globalen Emissionen in den nächsten
Jahrzehnten mit an Sicherheit grenzender Wahrscheinlichkeit eine atmosphäri-
sche CO_2-Konzentration von 450 ppm überschreiten, muss zumindest einge-
räumt werden. Sie nicht zu berücksichtigen, wäre unverantwortlich. Am 9. Mai
2013 bestätigte das Mauna-Loa-Observatorium, dass die Keeling-Kurve, mit der
seit 1958 (als die Konzentration bei 318 ppm lag) die weltweite Konzentration
von CO_2 in der Atmosphäre gemessen wird, einen Tagesdurchschnitt von 400
ppm überschritten hatte. Sich hierüber nicht hinwegzutäuschen, hätte die positive
Folge, dass sich das Nachdenken und die Finanzierungen stärker auf die Suche –
zunächst – nach einer CO_2-armen Technologie konzentrieren würden, um diesen
Trend zu verlangsamen, und – später – nach einer CO_2-negativen Technologie,
um ihn im der zweiten Hälfte des 21. Jahrhunderts umzukehren.

Sechstens, mehr Anstrengungen sollten auf die Invention von CO_2-armen
Technologien der nächsten Generation gerichtet werden. Bis jetzt hat bei internationalen Verhandlungen der Transfer von bestehenden Technologien gegenüber
der Entwicklung neuer Technologien einen unverhältnismäßig großen Raum
eingenommen. Zudem wurde die Debatte über den Technologietransfer oft von
fruchtlosen Diskussionen über den Schutz des geistigen Eigentums (*Intellectual
Property Rights*, IPR) beherrscht. Es gibt also noch erheblichen Spielraum für
eine internationale Zusammenarbeit zwischen interessierten Partnern aus Ländern der Ersten wie der Dritten Welt. Auch hier wieder gilt, dass sich vieles
außerhalb der UNO und über bereits bestehende multilaterale und bilaterale
Kanäle besser handhaben ließe.

Siebtens, der Grad der Belastbarkeit und die Sicherheit von schwachen
Ländern und Bevölkerungen werden bei weiterhin steigenden CO_2-Werten eine
immer größere Rolle spielen. Vernünftige klimapolitische Maßnahmen setzen
moralisch und politisch das Eingeständnis voraus, dass die strengen Vorgaben
für die Reduktion der CO_2-Emissionen womöglich ein Fehlschlag waren. Zudem
ist, wie wir im Hartwell-Papier 2010 betont haben, die gebotene Anpassung nicht
bloß ein Problem für die Zukunft, sie ist auch eine überlebenswichtige Frage für
die Gegenwart. Viele Bevölkerungen sind für die Anpassung an ihre derzeitigen
Klimaverhältnisse schlecht gerüstet, und wir müssen die Anpassungsfähigkeit
aller Gemeinschaften im Umgang mit den Wechselfällen von – wie auch immer
verursachten – Extremwetterlagen stärken.

Die zweite Verpflichtungsperiode des Kyoto-Protokolls deckt weniger als 20 % der weltweiten Emissionen ab, und Eifer und Engagement scheinen jeden Tag geringer zu werden. In Doha wurde der Übergang des Kyoto-Protokoll-Prozesses vom alten zu einem neuen System in der Praxis vollzogen. Auch wenn von interessierter Seite weiterhin an einem „Top-down"-Ansatz mit strengen Zielvorgaben festgehalten wird, war das alte System im Grunde ein Prozess mit nur einem Tagesordnungspunkt, und dies hat sich mittlerweile als Sackgasse erwiesen. Außerdem herrscht Unklarheit und innerhalb der Unterzeichnerstaaten auch Uneinigkeit darüber, wer die Kosten der vorgeschlagenen Maßnahmen oder überhaupt der Fortführung des Kyoto-Protokoll-Prozesses trägt. Einhundert-neunzig Nationen waren in Doha vertreten, aber in deutlichem Kontrast zur Situation nur ein paar Jahre zuvor gab es von Seiten der Regierungen keinen großen Widerstand gegen die Anerkennung der Notwendigkeit einer Neuausrichtung.

Einige europäische Nationen suchen – unabhängig von den EU-Sekretariaten – nach neuen Ideen. Die Regierungen der Entwicklungsländer scheinen ihre Positionen zu überdenken und konstruktiver und pragmatischer zu werden. Viele Gruppen von Umweltaktivisten lehnen weiterhin alle neuen Ideen ab; aber einige könnten akzeptieren, dass eine Neuausrichtung nötig ist.

Die Bedeutung der Nicht-Regierungsorganisationen macht auf ein spezifisches Problem der UN-Klimakonvention aufmerksam. Internationale Verhandlungen – etwa Welthandelsgespräche – pflegen ihrer Natur nach chaotisch zu sein, aber Klimawandel-Verhandlungen sind „super-super-chaotisch". Einer der Gründe dafür ist, dass die Verhandlungsführer der Regierungen nicht nur mit den Verhandlungsführern der anderen Regierungen interagieren, sondern auch mit Individuen quer durch die globalisierte Gesellschaft, die heute die Diskussionen dank der modernen Medien fast in Echtzeit verfolgen und als Vertreter der öffentlichen Meinung mit nicht minder in Echtzeit verfolgbaren Zwischenrufen in sie eingreifen können. Mit so viel ungeregeltem Input wird der Verhandlungsprozess – nicht überraschend – mehr als nur komplex. Ein Fußballspiel, bei dem auf dem Feld nicht nur mehrere Mannschaften auf einmal herumlaufen, sondern auch noch die Zuschauer, während alle versuchen, zum Schuss zu kommen, dürfte kaum leicht zu verfolgen, geschweige denn schiedsrichterlich zu kontrollieren sein.

Aus dieser Situation etwas zu retten und über die superchaotische Natur der Interaktion hinauszukommen, ist umso wichtiger geworden, als der Kyoto-Prozess dahinsiecht, und dies schon seit einigen Jahren. Dabei haben die Ziele der UN-Klimakonvention – Verstärkung der internationalen Zusammenarbeit und nationale Anstrengungen, um die Gefahren des Klimawandels zu reduzieren und die gesellschaftlichen Kapazitäten zur Anpassung an seine Auswirkungen zu stärken – trotz ihrer bekannten Schwächen nichts von ihrer Wichtigkeit verloren.

Zum traditionellen Instrumentarium der Klimakonvention gehörten die Anwendungsagenda, der Emissionsrechtehandel (*Cap and Trade*, C&T), der Mechanismus für umweltverträgliche Entwicklung (*Clean Development Mechanism*, CDM), der Technologietransfer und die Festlegung einer einheitlichen Messgrundlage in Form von CO_2-Äqivalenten. Doch das genügt nicht. Vor allem müssen die *Nationally Appropriate Innovation Actions* ausgebaut werden (zunächst als „pledge-and-review"-NAMAs, bei denen Zielvorgaben für die Emissionsreduktion national beschlossen und die tatsächlich erreichten Werte später überprüft werden, später dann als NAIAs), bei denen jede Nation so viel unternimmt, wie sie kann, um ihre eigenen Emissionen so rasch wie möglich zu reduzieren, ohne ihre sonstigen Entwicklungsziele zu vernachlässigen.

Doch eine solche Stärkung der Ambitionen wie der Fähigkeiten, die Reduktions- und Anpassungsziele im eigenen Land zu erhöhen, setzt Invention und Innovation voraus und wird ohne sie scheitern. Mit anderen Worten, ohne die Verbesserung der vorhandenen und die Entwicklung von neuen technologischen Optionen wird sich die Lust zu ambitionierteren Versuchen zur Emissionsreduktion in Grenzen halten, denn dass dies derzeit nicht zu Kosten erreichbar ist, die Steuerzahler und Verbraucher zu tragen bereit sind, liegt auf der Hand.

Die „theory of change", das Wirkungsmodell, das der UN-Klimakonvention zugrunde liegt, ist eine „politics of limits", eine „Begrenzungspolitik", die zu unzureichenden Instrumenten wie dem Emissionshandel und dem Mechanismus für umweltverträgliche Entwicklung geführt hat und kein Erfolg war. Stattdessen sollten wir zu einem Wirkungsmodell übergehen, das Innovationen und National Angepasste Innovationsmaßnahmen fördert. Wir brauchen, ob der Kyoto-Prozess weitergeht oder nicht, eine neue Rahmenkonvention mit besser durchdachten, effizienteren und politisch besser vermittelbaren Formen des weiteren Vorgehens.

Eine Zeit lang gab es seitens der USA starke, von Australien und Japan nachdrücklich unterstützte Bestrebungen, sich primär nicht mehr an der UN-Klimakonvention, sondern an der *Asia-Pacific Partnership* (APP) zu orientieren.[9] Fortschritte wurden verzeichnet: Die Industrie verfügte über ein Nachweisverfahren und eine Liste mit Berechnungsmodellen für die Emissionen bestimmter Energieformen. Aber als Präsident Obama an die Macht kam und es außerdem in Australien einen Regierungswechsel gab, wurde die APP aufgekündigt. Stattdessen gibt es nun das *Clean Energy Ministerial* (Ministertreffen zum Thema saubere Energien), das eher technisch als diplomatisch oder sozialwissenschaftlich ausgerichtet ist. Von ihm ging der Anstoß zur GSEP aus. Die GSEP hat noch nicht genug politischen Rückhalt, um wirklich etwas bewirken zu kön-

---

9   Für genauere Informationen zu den Aktivitäten der APP, siehe http://www.asiapacific partnership.org/english/default.aspx.

nen, aber da an ihr weniger Länder beteiligt sind als an der UN-Klimakonvention und sie daher auch weniger unter dem oben erwähnten Super-Chaos leidet, verfügt sie durchaus über das nötige Potential.

Auch Japans Ankündigung in Durham, sich künftig auf bilaterale Initiativen und Initiativen von kleineren Staatengruppen zu konzentrieren, beeinflusste die Debatte und trug dazu bei, ihre Voraussetzungen zu ändern. Sie machte außerdem deutlich, dass eine erfolgreiche Zusammenarbeit zwischen Ländern außerhalb der UN-Klimakonvention einen Einfluss auf die Verhandlungspartner innerhalb der Klimakonvention und womöglich sogar auf diejenigen Entwicklungsländer haben kann, die die größten CO_2-Emittenten sind.

Ambitionierter Pragmatismus wird das Kennzeichen des Weges sein, der zu einem nachhaltigen Wachstum für einen energiereichen Planeten mit geringer Umweltbelastung führt. Die oben skizzierten sieben Lehren aus den Erfahrungen mit dem Kyoto-Protokoll können diesem effizienteren diplomatischen Prozess – diesem Brückenschlag in die Zukunft – als Wegmarken dienen. Doch ist Vorsicht geboten. Wir dürfen nicht den Fehler der Kyoto-Ära wiederholen und diese Brücke zu weit spannen: Verhandlungspartner und Diplomaten müssen sie für begehbar halten. Vor allem müssen wir der stets wiederkehrenden Versuchung widerstehen, zu meinen, neue Lösungen müssten unbedingt „Hightech" oder „Top-down" sein.

4.2 Beim Transfer neuer Technologien die Interessen aller Beteiligten erkennen und berücksichtigen

Ohne einen Transfer von CO_2-armen Technologien von den Erstanwendern unter den Nationen der Ersten wie der Dritten Welt zu den Ländern, die noch nicht so weit sind, wird es keine erfolgreiche globale Strategie zur Emissionsreduktion geben. Daher muss deutlich mehr Aufmerksamkeit und institutionelle Energie auf die Transfersysteme für Technologien der nächsten Generation verwendet werden.

Solche Transfersysteme könnten vielerlei Formen annehmen. Ein potentiell vielversprechendes Modell ist eine Weiterentwicklung und Vereinfachung des *Clean Development Mechanism* (CDM, Mechanismus für umweltverträgliche Entwicklung): der bilaterale Kreditmechanismus. Bei diesem Modell stellen Länder mit entwickelten CO_2-armen Technologien weniger weit fortgeschrittenen Ländern Technologien zur Verfügung, die auf dem neuesten Stand der Technik sind, und bekommen dafür Emissionsrechte in einem Umfang, der der sich daraus ergebenden Emissionsreduktion entspricht. Auf der UN-Vertragsstaatenkonferenz (COP) in Durban wurde dieses Modell von Japan als die von ihm künftig bevorzugte Art des Vorgehens angekündigt. Innerhalb des

Clean Development Mechanism (CDM) des Kyoto-Protokolls sind solche Transfersysteme allerdings trotz ihrer offensichtlichen Vorteile nicht zugelassen. Zu diesen Vorteilen gehören der gegenüber dem CDM geringere bürokratische Aufwand bei der Zuweisung und Verteilung von Emissionszertifikaten und die Anwendbarkeit auf eine größere Vielfalt von CO_2-armen Technologien, etwa CCS (CO_2-Abscheidung und -speicherung) und CCU (CO_2-Abscheidung und Verwendung) sowie hocheffiziente Kohlekraftwerke, mit denen sich die Auswirkungen einer ansonsten unverminderten Nutzung von fossilen Brennstoffen signifikant verringern lassen. Derartige bilaterale Kreditmechanismen sind besonders für energieintensive Wirtschaftssektoren interessant, die in vielen der größten Wirtschaftsräume der Welt immer noch überwiegend mit Technologien arbeiten, die weit hinter den besten bereits jetzt verfügbaren Technologien zurückbleiben, manchmal um Jahrzehnte.

In allen technologiebezogenen Verhandlungen innerhalb der UN-Klimarahmenkonvention haben sich Fragen zum Schutz des geistigen Eigentums als einer der kritischsten – und umstrittensten – Punkte erwiesen. Während die Industrieländer gewöhnlich darauf beharren, dass strenge Regelungen absolut notwendig seien, um Anreize für die Technologieentwicklung zu bieten, sehen die Entwicklungsländer in solchen Regelungen das größte Hindernis für einen wirksamen Technologietransfer. Kostenlose Lizenzen für grüne Technologien unter Instrumenten wie dem *Agreement on Trade Related Aspects of Intellectual Property Rights* (TRIPS, Übereinkommen über handelsbezogene Aspekte der Rechte am geistigen Eigentum) seien, so ihre Argumentation, zugleich moralisch, politisch und ökonomisch attraktiv.

Was in dieser Debatte fehlt, ist die Anerkennung der Tatsache, dass wir trotz der überschwänglichen Rhetorik mancher Fürsprecher heute einfach noch über keine Technologie verfügen, die leistungsfähig, kostengünstig und CO_2-arm genug wäre, um eine nachhaltige und bezahlbare CO_2-arme Energieversorgung für die Milliarden von Menschen zu gewährleisten, deren Unterstützung wir für eine erfolgreiche Klimapolitik brauchen. Innovation im Bereich Energietechnologien braucht Förderung, und der gesunde Menschenverstand sagt uns, dass Patentschutz zur Sicherung der Rentabilität notwendig ist. Ohne diese Sicherheit wird nicht genug Geld aus der Privatwirtschaft in FuE-Aktivitäten im Bereich innovativer Energietechnologien fließen. Also heißt es abwägen und der Versuchung widerstehen, den Anreiz des sicheren Marktes auszuschalten.

Ein nicht hinreichend gewürdigter Aspekt dieser Debatte ist, dass die meisten Energiespar- und CO_2-armen Technologien, die wir in den kommenden Jahrzehnten brauchen, keine in sich geschlossenen Technologien sein werden, deren Bauteile feststehen wie die chemische Zusammensetzung von Medikamenten, sondern Baugruppen von Wissen. Insofern taugen Industriesektoren mit bemerkenswerten Erfolgsgeschichten (und die pharmazeutische Industrie ist zweifellos ein solcher Sektor) nur bedingt als Modell. Die Innovationen im Energiebereich, die wir anstreben, werden Systeme von Systemen sein: eine Kombination aus vielen Materialien und Kräften, die sich alle wie Steckmodule in bestehende sozio-technische Strukturen integrieren lassen. Deshalb gehört zum Transfer von Energietechnologien neben dem schlichten Abschluss von Lizenzverträgen für Patente auch der Transfer eines komplexen Fertigungs- und Bedienungs-Know-how. Ein solcher Transfer kann nur gelingen, wenn Anbieter und Abnehmer von neuen Technologien eng und wechselseitig konstruktiv zusammenarbeiten.

Wenn also das Monopol bestimmter Unternehmen auf neue und wichtige Technologien wirklich ein Hindernis für den Technologietransfer darstellt – wie die Regierungen von Entwicklungsländern behaupten -, wird es eine Lösung nur über Konsultationsprozesse geben, die für alle Beteiligten akzeptabel sind. Zwangslizenzierung, eine häufig diskutierte Alternative, wird nicht zum Erfolg führen, weil sich auf diese Weise zwar der Transfer von Technologiepatenten erzwingen lässt, nicht aber der gleichzeitige Transfer des entscheidenden operationalen Verständnisses, das man braucht, um die betreffenden Technologien zu fertigen und zu betreiben oder sie in bestehende komplexe sozio-technische Systeme zu integrieren.

4.3 Die Ergebnisse einer bereits jetzt mit Selbstverständlichkeit funktionierenden weltweiten Arbeitsteilung im Bereich der Energieinnovation aufgreifen

Während sich neue Energiesysteme historisch von Westen nach Osten und von Norden nach Süden ausgebreitet haben, ist das heutige Ökosystem der technologischen Innovation viel reichhaltiger und weniger einseitig ausgerichtet. Dies liegt teilweise daran, dass sich die am stärksten wachsenden Energiesysteme größtenteils außerhalb der westlichen Welt befinden und dass dort, wo tatsächlich neue Systeme aufgebaut werden, auch die Wahrscheinlichkeit von Innovationen größer ist. Es liegt aber auch daran, dass inzwischen die weltweite Wissensproduktion selber viel breiter gestreut ist.

In China hat die starke Zunahme des Energiebedarfs dazu geführt, dass rasch und in großem Umfang moderne Energienetze, Systeme für erneuerbare Technologien und Atomkraftwerke der dritten Generation gebaut wurden. Zugleich gab es Experimente in den Bereichen Energieeffizienz, synthetische Brennstoffe und CO_2-Abscheidung und -Speicherung sowie CO_2-Abscheidung und -Verwendung. Ambitionierte, weltweit agierende Energiekonzerne haben begonnen, innovative Technologien und Praktiken aufzukaufen und neue zu entwickeln, und Chinas Forschungssektor wächst weiter – und baut seine Verbindungen zum Westen aus. Infolgedessen bleibt China eine nützliche Testumgebung für die ganze Welt und ein Brutkasten für neue Technologien, die ursprünglich zwar zum Teil aus dem Westen kommen, aber dank Chinas Bedarf, Tempo, Kostenvorteilen und Liquidität in ihrer Anwendung verbessert wurden. Ebenfalls in Asien hat sich Südkorea, um seinen eigenen wachsenden Bedarf zu decken, zum Innovator in der Atomenergie entwickelt und baut Atomkraftwerke im Ausland zu, wie es scheint, konkurrenzfähigen Preisen. Und Japan strebt den Export von Nukleartechnologie der dritten Generation und der entsprechenden Expertise in die Golfstaaten, nach Südostasien und in einige westliche Länder an, darunter Polen und die Türkei.

Aber die Innovation, zu der man – etwa wie die Eisenbahn-Innovatoren des 19. Jahrhunderts – aufgrund der Erfahrungen kommt, die man bei Aufbau und Anwendung eines neuen Systems macht, ist erst die halbe Geschichte. Die Vereinigten Staaten bleiben ein weltweites Zentrum für Innovationen in der Grundlagenforschung und, in einigen Fällen, für die begrenzte frühzeitige kommerzielle (und in manchen Fällen von China finanzierte) Anwendung von Atomenergie, CCS und CCU, Energiespeicherung, CO_2-armen Flüssigbrennstoffen und neuen erneuerbaren Energien wie Gezeiten- und Wellenenergie. Außerdem sind die USA immer noch eines der größten globalen Wissenszentren für Materialwissenschaft, Simulations- und Steuertechnologien und das ingenieurwissenschaftliche und technische Know-how, das die Grundlage für umfassende Innovationen im Energiebereich bildet.

Aber China und die USA sind natürlich nicht die weltweit einzigen potentiellen Innovationsquellen. In Japan und in Teilen Europas gaben umwelt- und sozialpolitische Erwägungen den Anstoß zu Versuchen, trotz stagnierendem Energiebedarf große – vielleicht unerreichbar große – Mengen Strom aus verschiedenen erneuerbaren Ressourcen wie Solarstrom und Windkraft in ihre Stromnetze zu integrieren, ein Kraftakt, in dessen Verlauf es, wie immer die Herausforderungen und die Ergebnisse auch aussehen, zu substantiellen Innovationen bei den Netzbetriebs- und Lastverteilungstechnologien kommen dürfte. Manche arabischen Staaten des Mittleren Ostens scheinen kurz vor milliardenschweren Dollar-Investitionen in modernste Atom- und Solarstromanlagen sowie in die Nutzung von CO_2 für neue Formen der Ölförderung zu stehen. Israelische Startups machen deutliche Fortschritte bei Elektrofahrzeugen und thermischen Solaranlagen.

Was wir im Bereich der Energie-Innovation jetzt brauchen, ist eine bewusstere internationale Arbeitsteilung nach genau diesem Muster der getrennten, aber einander ergänzenden Initiativen. Unterschiedliche Technologien erfordern unterschiedliche Ansätze, und unterschiedliche Länder werden je nach ihren unterschiedlichen Kapazitäten dazu beitragen. Bei Zieltechnologien, die noch im Stadium der Grundlagenforschung sind, könnten finanzkräftige internationale Großforschungseinrichtungen wie zum Beispiel die Mega-Zyklotron-Projekte des CERN das Richtige sein. Solche Initiativen verteilen große Lasten internationel und bringen eine breite Basis von menschlichen und finanziellen Ressourcen zusammen. Das verringert das Risiko und die Redundanz und erweitert die Kooperation. Kandidaten für diese Art gemeinsamer Bestrebungen im Frühstadium sind Grundlagentechnologien wie Kernfusion, photovoltaische Energieerzeugung im Weltraum und drahtlose Energieübertragung.

Für Zieltechnologien, die bereits weiter entwickelt sind und deren Hauptherausforderungen im Bereich der Anwendung liegen, sollten regionale, nationale und privatindustrielle Entwicklungsprojekte durchgeführt werden. Parallel dazu sollte es weltweite Foren für Informationsaustausch und Sachstandsberichte wie zum Beispiel die oben erwähnten APEC-Initiativen geben, die sowohl den Wettbewerb als auch die Zusammenarbeit zwischen Projekten fördern und dadurch den Entwicklungsprozess beschleunigen.

Auch sektorenspezifische Ansätze sollten vorangetrieben werden, insbesondere für hoch energieintensive Industrien wie Strom, Stahl und Zement. Da Energieexperten in diesen Industriesektoren einen gemeinsamen technologischen Hintergrund haben, können auch gemeinsame Lösungen für den wechselseitigen Transfer von Leistungsvergleichstests (Benchmarking) und Technologien erarbeitet werden. Sektorenspezifische Expertentreffen können die weltweite Verbreitung der besten verfügbaren Technologien und die Entwicklung von neuen, sektorenspezifischen CO_2-armen Technologien beschleunigen. Die oben erwähnte *Asian-Pacific Partnership on Clean Energy and Climate* (APP) hat solche sektorenspezifische Expertentreffen durchgeführt, mit bemerkenswerten Ergebnissen. Teilnehmer aus dem Strom- und dem Stahlsektor führten intensive Peer-Review- und Energiediagnose-Übungen durch und benutzten dazu die im Rahmen der APP *Steel Task* Force entwickelten gemeinsamen Berechnungsmethoden für CO_2-Intensität und Energieeffizienz. Außerdem wurden Best-Practice- und Best-Technology-Handbücher entwickelt und den Teilnehmern zur Verfügung gestellt. Der Wert dieses Ansatzes besteht darin, dass diese Handbücher von Experten aus eben jenen Industrien entwickelt wurden, die die betreffenden Technologien tatsächlich anwenden und betreiben, sodass Umsetzbarkeit und Effizienz gesichert sind. Die im Rahmen der APP entwickelten Berechnungsmethoden wurden mittlerweile von der *International Organisation for Standards* (ISO, Internationale Organisation für Normung) als Internationale Normen (IS) festgeschrieben, was eine Ausweitung ihrer Anwendung über die APP-Mitglieder hinaus ermöglicht.[10]

---

10   ISO 14404-1 für Hochofenverfahren und ISO14404-2 für Elektrostahlverfahren wurden im
      März 2013 veröffentlicht.

5 Schlussfolgerungen

5.1 Die Zukunft der Ambitionen

„Ambitionen" und „ambitioniert" gehören zu den Lieblingswörtern von Politikern. Sie erklären sie zu Attributen ihrer Programme, weil sie nach Optimismus klingen und jedem Thema, auf das sie angewendet werden, einen freundlichen Schimmer verleihen. Sie wecken Vertrauen. In Auseinandersetzungen zwischen politischen Gegnern haben sie außerdem die nützliche Eigenschaft, die Gegner ins Unrecht zu setzen, denn wenn man für die eigene Position das Etikett „ambitioniert" in Anspruch nimmt, unterstellt man damit implizit dem Gegner das betrübliche Gegenteil.

In den klimapolitischen Debatten der letzten Jahre drehte sich alles um solche „Ambitionen", sie wurden zur Elle, an der man das klimapolitische Engagement der einzelnen Länder und, implizit, ihren moralischen Wert maß. Wir meinen jedoch, dass diese ständige Beschwörung der „Ambitionen" alles andere als ambitioniert war. Es war ein Fall von Wunschdenken. Man appellierte damit, wie im vorliegenden Papier ausgeführt, an einen Triumph des Willens, man verwechselte Hoffnung mit Tatbestand, vollmundige Erklärungen mit tatsächlichen Maßnahmen und gesetzgeberisches Handeln mit realen Ergebnissen.

Wie glauben, dass eine derartige Rhetorik nicht hilfreich war. Zudem offenbart sie ein radikales Missverständnis dessen, was produktive Ambitionen sein können.

Produktive Ambitionen bedeuten, wie die lateinische Wurzel nahe legt (nämlich *ambire*, herumgehen, Leute aufsuchen und um politische Unterstützung werben), dass Möglichkeiten eingehend geprüft werden und dass, was das Entscheidende ist, um öffentliche Zustimmung geworben wird, um zu sinnvollen, greifbaren Ergebnissen zu kommen. Hat man dies vor Augen, kann ein radikaler Pragmatismus die ambitionierteste Art des Herangehens sein, gerade weil er indirekt verfährt und sich von der Notwendigkeit der öffentlichen Zustimmung leiten lässt. Beides sind zentrale Hartwell-Prinzipien. Um mit „Capability" Brown zu sprechen: Indem wir unsere Augen und unsere Köpfe für die breite Palette der Möglichkeiten offen halten, die sich auf den Nebenwegen auftun – *ambire* -, erhöhen wir unsere Chancen, das Gewicht des menschlichen Fußabdrucks auf dem Planeten zu reduzieren und zugleich eine Welt mit mehr Wohlstand zu schaffen. Optionen, auf die wir im Hartwell-Papier 2010 hingewiesen

haben, haben seither an Boden gewonnen. Das vorliegende Papier ist voller Beispiele dafür. Auch in diesem Folgepapier von 2013 haben wir uns bemüht, Eckpunkte für eine gute Praxis zu formulieren, diesmal nicht im Bereich der Politik,
sondern im Bereich von Invention und Innovation.

5.2 Ambitionen für die Zukunft

Das vorliegende Papier ist, wie wir glauben, ambitioniert in einem produktiven
und radikalen Sinn, denn es hat populäre und politische Annahmen zum Thema
Innovation einer kritischen Betrachtung unterzogen, hat Irrtümer benannt, sich
für bestimmte Korrekturmaßnahmen auf verschiedenen institutionellen Ebenen
ausgesprochen und die elf Bausteine ausgelotet, die die Grundlage des Hartwell-
Ansatzes zum Thema Energie-Innovation bilden. Auf dieser Grundlage kamen
wir zu dem Schluss, dass viele der aktuellen politischen Bemühungen um eine
beschleunigte Anwendung neuer Energietechnologien deshalb erfolglos waren,
weil der konzeptuelle Rahmen des Unternehmens zu eng gesteckt war. So kam
es zur Verwechslung des Notwendigen (technisch-ingenieurwissenschaftliche
Innovation und Invention) mit dem Ausreichenden (voller Einsatz für die Vielfalt der Kontexte wie der Menschen und der Zwecke, in denen und für die Energie bereitgestellt werden soll). Ein grundlegender sozialer Wandel, der von Dauer sein soll, steht und fällt mit den Entscheidungen von Menschen. Wir haben
erklärt, dass wir deshalb ein sehr viel breiteres und systematischeres Bewer-
tungsverfahren brauchen, um Legitimität in den Augen derer zu erlangen, die
von einem derartigen technologischen Wandel betroffen sein werden, denn ohne
dieses Vertrauen der Öffentlichkeit gibt es keine Aussicht auf langfristig erfolgreiche, nachhaltige Entwicklungen.

Wenn wir wollen, dass die Weltbevölkerung den CO_2-armen Technologien
spontan und dauerhaft den Vorzug gibt, dann müssen diese Energiequellen unbedingt genauso – oder zumindest fast genauso – ökonomisch produktiv sein wie
die CO_2-reicheren Alternativen. (Immerhin gibt es Anzeichen für eine gewisse
Bereitschaft, für Umweltverbesserungen zu bezahlen – nur eben nicht allzu viel
und auch nicht gezwungenermaßen). Deshalb muss die Politik dafür sorgen, dass
Inventoren und Innovatoren beim Experimentieren zwar größtmögliche Freiheit
haben, aber niemals der geringste Zweifel besteht, dass das Ziel ihrer Arbeit
größere Kosteneffizienz ist. Nur bei allgemeinem Wohlstand kann es breite Zustimmung zu Emissionsreduktionen geben, und nur mit bezahlbarer Energie
kann es Wohlstand für alle geben.

Im Dezember 1968 konnte die Menschheit durch die Kameras der Apollo-8-
Austronauten zum ersten Mal die Erde aufgehen sehen: unsere Erde, schim-
mernd in der Schwärze des Raums, der einzige Farbtupfer, den die Astronauten

irgendwo erblicken konnten. Die elf Bausteine, die wir beschrieben haben und die den Energiewandel unterstützen können, den die Menschheit heute braucht, beruhen auf diesem Gefühl der Verbundenheit, das aus der Einsicht in die Unteilbarkeit unseres kollektiven Geschicks entsteht und in diesen berühmten Fotografien so effektvoll und elegant zum Ausdruck kam. Die Aufgaben, die gelöst werden müssen, um diesen technologischen Durchbruch in einer Welt der „tückischen" Probleme zu erzielen, sind weitaus komplexer als die Aufgaben, die zu lösen waren, ehe man Menschen ins All schicken konnte. Aber die schlichte Erkenntnis, die die Apollo-8-Astronauten auf die Erde mitbrachten, kann uns helfen zu verstehen, warum und wie wir voranschreiten können.

Literatur

Ames RM, Corridore A, Ephross JN, Hirs E, MacAvoy PW, Travelli R (2012): The Arithmetic Shale of Gas. Yale Graduates in Energy Study Group, Juni 2012, http://papers.ssrn.com/sol3/papers.cfm?abstract_id=2085027 Zugegriffen: 7. Mai 2013.

APEC (2011): APEC Energy Overview 2011. The Institute of Energy Economics, Japan, http://aperc.ieej.or.jp/file/2012/12/28/Overview2011.pdf Zugegriffen: 13. Februar 2012.

Arrhenius S (1896): On the Influence of Carbonic Acid in the Air upon Temperature of the Ground. In: The London, Edinburgh & Dublin Philosophical Journal and Journal of Science 5. April 1896.

Atherton P (2012): Utility Finance in the 2010s: A lecture by Peter Atherton. Symposium Future Energy Strategies, 10. Mai 2012, http://www.future-es.com/utility-finance-in-the-2010s-a-lecture-by-peter-atherton/ Zugegriffen: 10. Januar 2013.

Ausubel JH, Langford HD (Hrsg) (1997): Technological Trajectories and the Human Environment. Washington: National Academy Press.

Ausubel JH (1991): Energy and Environment: The Light Path. In: Energy Systems and Policy 15. 181-88.

BP (2013): Energy Outlook 2030. http://www.bp.com/content/dam/bp/pdf/statistical-review/BP_World_Energy_Outlook_booklet_2013.pdf Zugegriffen: 15. Februar 2013.

BP (2012): BP Statistical Review of World Energy June 2012. http://www.bp.com/content/dam/bp/pdf/Statistical-Review-2012/statistical_review_of_world_energy_2012.pdf Zugegriffen: 13. Juli 2012.

Caine ME, Rayner S (Hrsg) (2014) The Hartwell Approach to Climate Policy. Earthscan, Oxford, erscheint voraussichtlich 2014.

Copenhagen Economics (2012): Multiple Benefits of Investing in Energy Efficient Renovation of Buildings: Impact on Public Finances. 5. Oktober 2012, http://www.renovate-europe.eu/uploads/Multiple%20benefits%20of%20EE%20renovations%20in%20buildings%20-%20Full%20report%20and%20appendix.pdf Zugegriffen: 9. September 2012.

Denholm P, Hand M (2011): Grid Flexibility and Storage Required to Achieve Very High Penetration of Variable Renewable Electricity. In: Energy Policy 39(3). März 2011. 1817-1830.

Eurelectric (2013): Utilities: Powerhouses of Innovation. Full Report. Mai 2013, http://www.eurelectric.org/media/79178/utilties_powerhouse_of_innovation _full_report_final-2013-104-0001-01-e.pdf Zugegriffen: 12. Juni 2013.

Freeman C, Louca F (2001): As Time Goes by: From the Industrial Revolutions to the Information Revolution. Oxford: OUP.

Gibson C (2011): A Probabilistic Approach to Levelised Cost Calculations for Various Types of Electricity Generation. Institute for Engineers and Shipbuilders in Scotland. Edinburgh, 2011, http://www.iesisenergy.org/lcost/ Zugegriffen: 24. September 2012.

Government of the United Kingdom (2012): Announcement: Government Agreement on Energy Policy Sends Clear, Durable Signal to Investors. Department of Energy & Climate Change. 23. November 2012, https://www.gov.uk/government/news/government-agreement-on-energy-po licy-sends-clear-durable-signal-to-investors Zugegriffen 25. November 2012.

Grubler A, Nakicenovic N, Nordhaus WD (2002): Technological Change and the Environment. Washington: RFF Press.

Idaho Power (2013): Wind Integration: Study Report. Februar 2013, http://www.idahopower.com/pdfs/AboutUs/PlanningForFuture/irp/2013/wi ndIntegrationStudy.pdf Zugegriffen: 2. März 2013.

International Energy Agency (2013): Tracking Clean Energy Progress 2013: IEA Input to the Clean Energy Minsterial. Paris, http://www.iea.org/publications/TCEP_web.pdf Zugegriffen: 10. April 2013.

IPCC (2007): Summary for Policymakers. The Physical Science Basis. Contribution of Working Group I to the Fourth Assessment Report of the Intergovernmental Panel on Climate Change. Cambridge: CUP.

Haberl H (2006): The Global Socioeconomic Energetic Metabolism as a Sustainability Problem. In: Energy 31(1). Januar 2006. 87-99.

Helm D (2012) The Carbon Crunch. Oxford: OUP.

Jenkins J, Muro M, Norhaus T, Shellenberger M, Tawney L, Trembath A (2012): Beyond Boom & Bust: Putting Clean Tech on a Path to Subsidy Independence. The Breakthrough Institute. April 2012, http://thebreakthrough.org/blog/Beyond_Boom_and_Bust.pdf Zugegriffen: 2. Mai 2012.

Jenkins J, Mansur S (2011): Bridging the Clean Energy Valleys of Death. The Breakthrough Institute. November 2011, http://thebreakthrough.org/archive/bridging_the_clean_energy_vall Zugegriffen: 2. Dezember 2011.

Jenkins J, Nordhaus T, Shellenberger M (2011): Energy Emergence: Rebound & Backfire as Emergent Phenomena. Breakthrough Institute. Februar 2011, http://thebreakthrough.org/blog/Energy_Emergence.pdf Zugegriffen: 3. März 2011.

Jevons WS (1866): The Coal Question. 2. Aufl. London: MacMillan.

LaFeher ED (1993): The Effects of Section 29 Tax Credit on Energy and the Environment: A Cost-Benefit Analysis. In: Journal of Energy and Development 17. 1993. 1-22.

Levinson A (2013): California Energy Efficiency: Lessons for the Rest of the World, or Not? Januar 2014, http://isites.harvard.edu/fs/docs/icb.topic1121559.files/January%2030%20-%20Arik%20Levinson/CaliforniaEnergy.pdf Zugegriffen: 24. Januar 2013.

Lynas M (2013): A Squandered Opportunity: Germany's Energy Transition. The Breakthrough Institute. 17. Januar 2013, http://thebreakthrough.org/index.php/programs/energy-and-climate/a-squandered-opportunity Zugegriffen: 18. Januar 2013.

Mackay C (1841): Extraordinary Popular Delusions and the Madness of Crowds. 1. Aufl. London: Richard Bentley.

Maxwell D (2011): Addressing the Rebound Effect: A Report for the European Commission DG Environment. Final Report. 26. April 2011, http://ec.europa.eu/environment/eussd/pdf/rebound_effect_report.pdf Zugegriffen: 25. Mai 2011.

McDermott N (2013): £286 Green Tax on Energy Bills: But Ministers Insist 'Efficient Appliances' will SAVE us Money. In: Daily Mail. 27. März 2013, http://www.dailymail.co.uk/news/article-2299652/286-green-tax-energy-bills-But-ministers-insist-efficient-appliances-SAVE-money.html Zugegriffen: 27. März 2013.

Mendick R, Malnick E (2013): True Cost of Britain's Wind Farm Industry Revealed. In: The Telegraph. 15. Juni 2013, http://www.telegraph.co.uk/earth/energy/windpower/10122850/True-cost-of-Britains-wind-farm-industry-revealed.html Zugegriffen: 15. Juni 2013.

MIT Energy Initiative Symposium (2011): Managing Large-Scale Penetration of Intermittent Renewables. 20. April 2011, http://web.mit.edu/mitei/research/reports/intermittent-renewables.html Zugegriffen: 25. April 2011.

National Energy Technology Laboratory (2007): DOE's Unconventional Gas Research Programs 1976-1995: An Archive of Important Results. US Department of Energy, Januar 2007, http://www.netl.doe.gov/kmd/cds/disk7/disk2/Final%20Report.pdf Zugegriffen: 25. Februar 2010.

Otto A, Otto FEL, Boucher O, Church J, Hegerl G, Forster PM, Gillett NP, Gregory J,

Johnson GC, Knutti R, Lewis N, Lohmann U, Marotzke J, Myhre G, Shindell D, Stevens B, Allen MR (2013): Energy Budget Contraints on Climate Response. In: Nature Geoscience 6(6). Juni 2013. 415-16.

Pielke Jr R (2010): The Climate Fix: What Scientists and Politicians Won't Tell You About Global Warming. New York: Basic Books.

Plumner B (2013): Peak Oil isn't Dead: An Interview with Chris Nelder. In: The Washington Post. 13. April 2013, http://www.washingtonpost.com/blogs/wonkblog/wp/2013/04/13/peak-oil-isnt-dead-an-interview-with-chris-nelder/ Zugegriffen: 13. April 2013.

Prins G, Stehr N, Green C, Galiana I, Grundmann R, Hulme M, Korhola A, Laird F, Pielke Jnr R, Rayner S, Tezuka H (2010): The Hartwell-Paper: A New Direction for Climate Policy after the Crash of 2009. http://eprints.lse.ac.uk/27939/1/HartwellPaper_English_version.pdf Zugegriffen: 15. Juni 2010.

Prins G, Rayner S (2007a): The Wrong Trousers: Radically Rethinking Climate Policy. Oxford: LSE.

Prins G, Rayner S (2007b): Time to Ditch Kyoto. In: *Nature* 449. 2007. 973-975.

Purvins A (2011): Challenges and Options for a Large Wind Power Uptake by the European Electricity System. In: Applied Energy 88(5). Mai 2011. 1461–1469. Renewable Energy Forum (2012): Shortfall, Rebound, Backfire: Can We Rely on Energy Efficiency to Offset Climate Policy Costs? London: REF.

Rip A, Kemp R (1998): Technological Change. In: Malone EL, Rayner S (Hrsg) Human Choice & Climate Change. Volume 2: Resources and Technology. Battelle Press, Columbus.

Rittel H, Webber M (1973): Dilemmas in the General Theory of Planning. In: Policy Sciences 4. 154-59.

Schumpeter J (1931): Theorie der wirtschaftlichen Entwicklung: Eine Untersuchung über Unternehmergewinn, Kapital, Kredit, Zins und den Konjunkturzyklus. München: Duncker & Humblot.

Shindell D (2012): Simultaneously Mitigating Near-Term Climate Change and Improving Human Health and Food Security. In: Science 335(6065). 13. Januar 2012. 183-189.

Smil V (2003): Energy at the Crossroads. Cambridge: MIT Press.

Sopinka A, Pitt L (2013): Variable Energy Resources: VERy Interesting Implications for the Western Interconnect. In: *The Electricity Journal* 26(5). 20-25.

Sweeney J, Sudarshan A (2011): Deconstructing the Rosenfeld Curve. Precourt Energy Efficiency Center. Stanford University, http://peec.stanford.edu/modeling/research/Deconstructing_the_Rosenfeld_Curve.php#Document%20Downloads Zugegriffen: 21. Juni 2012.

The Economist (2013a): ETS, RIP? 20. April 2013, S. 67-68.

The Economist (2013b): Reshoring Manufacturing: Coming Home. 19. Januar 2013, http://www.economist.com/news/special-report/21569570-growing-number-american-companies-are-moving-their-manufacturing-back-united. Zugegriffen: 19. Januar 2013.

Trembath A (2012): Where the Shall Gas Revolution Came From. Breakthrough Institute. Mai 2012, http://thebreakthrough.org/index.php/programs/energy-and-climate/where-the-shale-gas-revolution-came-from/ Zugegriffen: 2. Juni 2012.

UNFCCC (2011): ADP Workstream 1: 2015 Agreement. Submission of the United States, 11. März, 2013.

UNFCCC (2009): Copenhagen Accord: Die Übereinkunft von Kopenhagen. 18. Dezember, 2009.

US Energy Information Administration (2012a): U.S. Energy-Related CO2 Emissions in early 2012 Lowest Since 1992. 1. August 2012, http://www.eia.gov/todayinenergy/detail.cfm?id=7350 Zugegriffen: 2. August 2012.

US Energy Information Administration (2012b): Natural Gas Data. http://www.eia.gov/naturalgas/ Zugegriffen: 2. September 2012.

US Energy Information Administration (2011): Levelized Cost of New Generation Resources in the Annual Energy Outlook 2011. http://www.eia.gov/forecasts/aeo/electricity_generation.html Zugegriffen: 25. Mai 2011.

Verzeichnis der Autoren

Professor Gwythian Prins, Research Professor, LSE and Director, the Mackinder Programme for the Study of Long Wave Events, London School of Economics & Political Science, England

Mark Caine, Research Fellow, LSE and Hartwell Co-ordinator, the Mackinder Programme for the Study of Long Wave Events, London School of Economics & Political Science, England

Keigo Akimoto, Group Leader, Systems Analysis Group, Research Institute of Innovative Technology for the Earth, Japan

Professor Paulo Calmon, Center for Advanced Studies in Government and Public Administration, University of Brasilia, Brasilien

Dr. John Constable, Director, Renewable Energy Foundation, England

Dr. Enrico Deiaco, Director, Innovation and Global Meeting Places, Swedish Agency for Growth Policy Analysis, Sweden and Affiliated Researcher, School of Industrial Engineering and Management, Royal Institute of Technology, Schweden

Martin Flack, Analyst, Innovation and Global Meeting Places, Swedish Agency for Growth Policy Analysis, Schweden

Dr. Isabel Galiana, Research Fellow, Department of Economics & GEC3, McGill University, Kanada

Professor Reiner Grundmann, Professor of Science and Technology Studies, School of Sociology and Social Policy, University of Nottingham, England

Jesse Jenkins, Graduate Student and Research Associate, Massachusetts Institute of Technology, USA

Professor Frank Laird, Professor of International Relations, Josef Korbel School of International Studies, University of Denver, USA

Dr. Elizabeth Malone, Senior Research Scientist, Pacific Northwest National Laboratory, USA

Professor Lawrence Pitt, Associate Director, Pacific Institute for Climate Solutions, University of Victoria, Kanada

Dr. Mikael Roman, Counselor, Scientific and Technical Affairs, Swedish Agency for Growth Policy Analysis, Office of Science and Innovation, Embassy of Sweden, Brasilien

Andrew Sleigh, Adjunct Professor, Imperial College Business School, England

Dr. Amy Sopinka, Pacific Institute for Climate Solutions, University of Victoria, Kanada

Professor Nico Stehr, Karl Mannheim Chair for Cultural Studies, Zeppelin University, Deutschland

Dr. Margaret Taylor, Project Scientist, Lawrence Berkeley National Laboratory, USA

Hiroyuki Tezuka, General Manager, Climate Change Policy Group, JFE Steel Corporation (für Japan Iron and Steel Federation), Japan

Masakazu Toyoda, Chairman and CEO, The Institute for Energy Economics, Japan

Disclaimer:

Die in diesem Papier vertretenen Positionen spiegeln die persönlichen Meinungen der an seiner Abfassung beteiligten Autoren wider und sind nicht als Positionen der Institutionen zu verstehen, denen sie angehören.

MIX
Papier aus verantwortungsvollen Quellen
Paper from responsible sources
FSC® C105338

If you have any concerns about our products,
you can contact us on
ProductSafety@springernature.com

In case Publisher is established outside the EU,
the EU authorized representative is:
Springer Nature Customer Service Center GmbH
Europaplatz 3, 69115 Heidelberg, Germany

Printed by Libri Plureos GmbH
in Hamburg, Germany